Mittelmeerkreuzfahrt

Westlicher Teil

MERIAN-TopTen

Höhepunkte, die Sie unbedingt sehen sollten

1 Ciutat de les Arts i les Ciències (CAC), Valencia
Der futuristische Museumskomplex setzt neue architektonische Akzente (→ S. 37).

2 Sagrada Família, Barcelona
Die Sühnekirche des genialen Architekten Antoni Gaudí gilt als markantestes Sinnbild der Stadt (→ S. 43).

3 Kathedrale, Palma de Mallorca
Die »Kathedrale des Lichts« ist eines der großartigsten Bauwerke Spaniens (→ S. 47).

4 Schiefer Turm, Pisa
Der »Torre pendente« ist nach langjährigen Stabilisierungsmaßnahmen wieder begehbar (→ S. 75).

5 Uffizien, Florenz
Die weltberühmte Pinakothek zeigt Meisterwerke der italienischen Malerei (→ S. 77).

6 Kolosseum, Rom
Schon Goethe stand staunend vor dem beeindruckenden Bauwerk (→ S. 81).

7 San Pietro, Rom
Glaube und Kunst sind nirgendwo so eng verwoben wie im Petersdom (→ S. 83).

8 Vesuv, Neapel
Der einzige noch tätige Vulkan auf dem europäischen Festland: Das Panorama vom Kraterrand ist grandios (→ S. 90).

9 Musée du Bardo, Tunis
Die schönsten Mosaiken Afrikas aus römischer Zeit sind im alten Palais des Bey von Tunis zu bewundern (→ S. 104).

10 Grande Mosquée Hassan II, Casablanca
Wahrzeichen Casablancas und Symbol des toleranten Islam: Die Mega-Moschee ist auch für Nichtmuslime offen (→ S. 110).

MERIAN-Tipps ⇢
finden Sie auf Seite 160

Inhalt

10 MERIAN-TopTen
Höhepunkte rund um das westliche Mittelmeer, die Sie unbedingt sehen sollten
⟵ S. 1

10 MERIAN-Tipps
Tipps und Empfehlungen für Kenner und Individualisten
S. 160 ⟶

Erläuterung der Symbole

Für Familien mit Kindern besonders geeignet

Preise für ein Menü ohne Getränke:

●●●● *ab 40 €*
●●● *ab 30 €*
●● *ab 17 €*
● *bis 17 €*

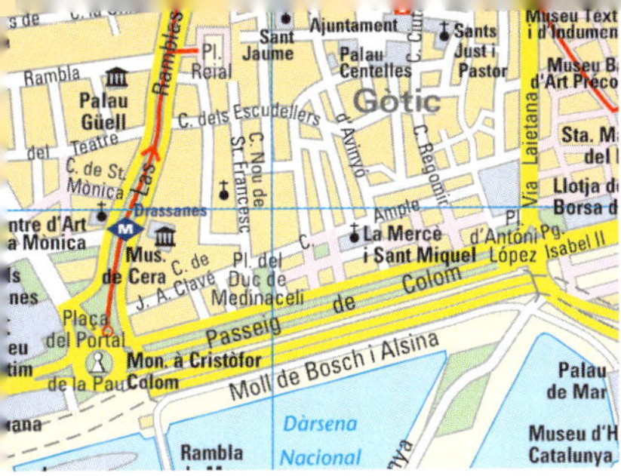

Karten und Pläne

Die Buchstaben-Zahlen-Kombinationen im Text verweisen auf die Planquadrate der Karten, z. B.

→ S. 146, C 2 Kartenatlas
→ S. 109, b 2 Detailkarte innen

Mit Faltkarte

→ S. 17

Das westliche Mittelmeer stellt sich vor

Wie ein Adlerhorst thront die Hafenstadt Bonifacio (→ S. 62) auf einem 70 Meter hohen Kreidefelsen hoch über dem Meer. Das fotogene Städtchen an der Südküste Korsikas ist nur eines der vielen Highlights auf einer Kreuzfahrt im westlichen Mittelmeer.

Quirlige Hafenstädte, spektakuläre Felsküsten, smaragdgrünes oder azurblaues Meer: Seit jeher üben Mittelmeer und südliche Lebensfreude eine unwiderstehliche Anziehung aus.

Das »Mediterran«

Das Mittelmeer ist nicht nur im Deutschen das mittlere Meer, sondern auch in vielen anderen Sprachen das Mediterran, der Mittelpunkt der Erde, im Italienischen das »mare mediterraneo«, im Französischen »la Méditerranée« und im Spanischen das »Mar Mediterráneo«. Kein Wunder, nirgends auf der Welt gibt es auf engstem Raum so viel zu entdecken: Völker und Eroberer lösten einander ab und hinterließen an den Küsten ihre Spuren. Auf engstem Raum finden sich griechische, etruskische, römische, aber auch normannische Denkmäler, Tempel, Amphitheater und Thermen sowie Kreuzfahrerburgen und Zeugnisse islamischer Kultur.

Das Mittelmeer, im Konversationslexikon unter dem Stichwort »Mittelländisches Meer« verzeichnet, ist mit dem Atlantik durch die nur 14 Kilometer breite und 320 Meter tiefe Straße von Gibraltar verbunden. Es hat eine Ausdehnung von ca. 2,5 Millionen Quadratkilometer (zum Vergleich: die Ostsee bringt es nur auf 400 000 Quadratkilometer), die größte Tiefe beträgt schwindelnde 5267 Meter (in der Ionischen See im östlichen Mittelmeer). Die Durchschnittstiefe beträgt 1500 Meter. Ein unterseeischer Rücken zwischen Sizilien und der Küste von Tunesien trennt das östliche vom westlichen Mittelmeer. Im Bereich dieses Rückens ist das Mittelmeer nur etwa 350 Meter tief. Die Ausdehnung von Norden nach Süden variiert beträchtlich, von West nach Ost, von Gibraltar nach Syrien, sind es jedoch genau 3860 Kilometer.

Kürzere Kreuzfahrten durch das westliche Mittelmeer begnügen sich mit Abstechern nach Italien, Frankreich und Spanien. Längere Fahrten umfassen auch Malta und Nordafrika, in der Regel werden dort Tunis, Tanger und Casablanca angelaufen.

Das Mittelmeer ist ein perfektes Reiseziel für alle, die Seegang und Seekrankheit scheuen: Von Pfingsten bis in den Spätsommer präsentiert es sich fast immer spiegelglatt. Die teils schwere Dünung der Ozeane gibt es nicht. Am Mittelmeer herrschen stets recht angenehme Temperaturen, da die Wassertemperatur noch im Winter beträchtlich ist. Sie beträgt bei Neapel schon im April 15 Grad und steigt im August auf 25 Grad an. Stürme treten nur im Herbst auf und ändern je nach Gegend den Namen. Der Schirokko, der Wind aus dem Süden, bringt nach Malta, Sardinien und Süditalien den Wüstensand Nordafrikas mit. Der Mistral erreicht an 25 Tagen des Jahres Sturmstärke. Er bläst von Norden durch den Golf von Lyon.

Der berühmteste Reisende

Die erste beschriebene Reise auf dem Mittelmeer – von Griechenland nach Gibraltar, zu den Toren des Herkules – fand im 8. Jahrhundert v. Chr. statt. Zehn Jahre lang irrte der Held der griechischen Sage Odysseus an den Gestaden des Mittelmeers umher und besuchte dabei etliche Inseln: die Vulkaninsel Stromboli (»die wandernden Felsen«) und Malta (»Ogygia«) sowie die von »Skylla« und »Charybdis« bewachte Meerenge von Messina. Auf seiner Reise gelangte er bis zu den Säulen des Herkules, Gibraltar und dem Monte Acho bei Ceuta, der spanischen Enklave in Nordafrika. Bis heute heißt jede Irrfahrt Odyssee. Kreuzfahrten sind ihr genaues Gegenteil, sofern der Reisende die Zeit zum Wiedereinschiffen nicht versäumt.

Viele Schiffe, die auf dem westlichen Mittelmeer kreuzen, stechen in Spanien in See. An der **Costa del Sol** in Andalusien (dem al-Andalus islamischer Zeiten) liegt **Málaga**. Der

Ortsname der südlichsten spanischen Provinz erinnert daran, dass sich rund 90 Prozent des Mittelmeerufers irgendwann einmal unter islamischer Herrschaft befanden. In Andalusien (und Gibraltar) ist überall der islamische Einfluss spürbar.

Die **Costa Blanca**, die »weiße Küste«, mit den Städten **Valencia** und Alicante ist eine der wichtigsten Fremdenverkehrsregionen Spaniens. Die Strände werden hier von riesigen Hotelburgen gesäumt. Die Hafenfront Valencias, der drittgrößten Stadt Spaniens, ist im Laufe der letzten Jahre nach einem Masterplan des französischen Stararchitekten Jean Nouvel revitalisiert worden. Die Stadt der Künste und Wissenschaften (Ciutat de les Arts i les Ciències) im trockengelegten Bett des Turia wurde von einem weiteren Stararchitekten erbaut, der noch dazu aus Valencia stammt, von Santiago Calatrava.

Auch in **Barcelona** haben weltberühmte Architekten unvergleichliche Bauten geschaffen. Die Hauptstadt Kataloniens gilt als unspanischste Stadt Spaniens und erstrahlt seit den Olympischen Spielen 1992 in neuem Glanz. Aber schon vorher zog die Stadt mit den einzigartigen Jugendstilbauten Antoni Gaudís, darunter die Kirche Sagrada Família, zahllose Besucher an.

Die Inseln südwestlich des an das Ligurische Meer angrenzenden Golf von Lyon, Mallorca, Menorca und Ibiza, gehören ebenfalls zu Spanien. Die Kreuzfahrtschiffe laufen in der Regel **Palma de Mallorca** an. Auf der Ferieninsel der Deutschen scheint in der mittelalterlichen Altstadt Palma de Mallorcas La Portella die Zeit stehen geblieben zu sein. Die Arabischen Bäder (Banys Àrabs) erinnern wie der Almudaina Palast an die arabische Herrschaft. Bis ins 13. Jahrhundert hieß Palma de Mallorca Medina Mayurka.

Der Deutschen liebstes Eiland: die Baleareninsel Mallorca

Nach Südfrankreich kam der Tourismus mit Lord Henry Brougham, von 1830 bis 1834 britischer Lordkanzler. Mit ihm hielt 1834 die englische Aristokratie an der **Côte d'Azur**, in Cannes, ihren Einzug. Bis ins frühe 20. Jahrhundert wurde diese Küste auch von Tuberkulosekranken aufgesucht, die – meist vergeblich – hofften, ihr Leiden zu kurieren. Der eng-

Pause vom Sightseeing: Der weite Stadtstrand von Barceloneta (→ S. 40), Barcelonas kleinstem Stadtviertel im Südosten, eignet sich für einen Sprung ins kühle Nass.

Highlight in der Ewigen Stadt: Piazza Navona (→ S. 83), eines der schönsten Ensembles italienischer Stadtbaukunst. Im Süden wird sie von der Fontana del Moro beherrscht.

lische Skandalschriftsteller D. H. Lawrence (»Lady Chatterley's Lover«) gehörte dazu. Er starb 45-jährig in Vence unweit von Nizza.

Cannes ist heute nicht so sehr als Treffpunkt der englischen Aristokratie ein Begriff, sondern (im Mai) als Austragungsort der Filmfestspiele, die seit 1939 denen von Venedig (im September) Konkurrenz machen. Hier geben sich die Hollywood-Größen ein Stelldichein. Bis zum Morgengrauen finden unter den Palmen des Boulevard de la Croisette oder auf den unzähligen riesigen Luxusyachten, die vor der Küste ankern, Partys statt.

Spielplatz der Reichen und Schönen: Cannes

Von Nizza und der Côte d'Azur ist es nur eine kurze Überfahrt zur Insel **Korsika**. Neben Bonifacio wird gerne Ajaccio, der größte Inselort, Hauptstadt des Mittelmeereilands und Geburtsstätte Napoleons, besucht. Das Hafenstädtchen bezaubert mit seinen pastellfarbenen Häusern, den großzügigen Boulevards und den schattigen Plätzen.

Im Fürstentum **Monaco** unweit der italienischen Grenze wird Ende Mai der Formel-1-Grand Prix ausgetragen – wieder ein Grund für den internationalen Jetset zusammenzukommen und sich mit Mitgliedern des Fürstenhauses Grimaldi für die Regenbogenpresse ablichten zu lassen.

Nirgends begegnet einem das Mittelmeer mit so vielen Gesichtern wie in **Italien**. Nördlich der Inseln Elba und Korsika erstreckt sich das Ligurische Meer. Haupthafen ist **Genua**. Hier erblickte 1451 der Entdecker Christoph Kolumbus das Licht der Welt. An der ligurischen Küste, der italienischen Riviera, wechseln flache Sandstrände und hohe Felsklippen ab. Das Ufer ist teilweise so felsig und unzugänglich, dass die Cinque Terre, die fünf traumhaft-malerischen Dörfer westlich von Genua, bis zum Bau einer tunnelreichen Eisenbahnstrecke Ende des 19. Jahrhunderts nur mit dem Schiff oder über Saumpfade zu erreichen waren.

An der italienischen Riviera machen die Kreuzfahrtschiffe meist in

Livorno für einen Abstecher in die Kunstmetropole **Florenz** und in Civitavecchia für einen Besuch der Ewigen Stadt fest. **Rom** war als Pilgerstadt schon im frühen Mittelalter Reiseziel der Gläubigen, später zog Italien Handwerker, Künstler und Bildungsbeflissene an. Prominentestes Beispiel ist Johann Wolfgang Goethe. Er kam auf seiner ersten Italienreise 1786 bis nach Rom.

Am Golf von **Neapel** ziehen seit der ersten vom englischen Tourismus-Pionier Thomas Cook im Jahre 1864 organisierten Reise die Ruinenstadt **Pompeji** und die Insel **Capri** unzählige Besucher an. Die felsige **Amalfiküste**, benachbart dem Golf von Neapel, gilt als einer der schönsten Küstenstreifen am Mittelmeer.

Perlen am Mittelmeer

Die Meerenge von Messina trennt das italienische Festland von **Sizilien**, der größten italienischen Insel, zwischen dem Adriatischen und Tyrrhenischen Meer gelegen. In **Taormina** pflegte im 19. Jahrhundert der europäische Geldadel zu überwintern. Südlich von Taormina ragt der immer noch aktive Vulkan Ätna (Etna) auf, der die Ostküste der Insel beherrscht.

Von den großen Inseln im westlichen Mittelmeer genießt nur eine staatliche Unabhängigkeit: **Malta**. Diese Insel stellt den Rest einer Landbrücke dar, die einst Europa mit Nordafrika verband. Am Kreuzungspunkt von Europa und Afrika wird eine Sprache gesprochen, die eine Mischung aus dem Arabischen und dem Italienischen darstellt, außerdem Englisch: Malta war bis 1964 britische Kronkolonie und vorher wichtigster Stützpunkt der Kreuzritter.

In den Städten Nordafrikas tut sich dem Kreuzfahrer eine vollkommen andere, arabisch geprägte Welt auf. In der Medina, der Altstadt, liegt der Souk, wie die Ladenstraßen heißen (aber auch ländliche Wochenmärkte): Hier wird gehandelt und gefeilscht, und es riecht nach den Gewürzen des Orients. Vom Minarett der nächsten Moschee erklingt der Ruf des Muezzin. In Tunesien wird die orientalische Millionenstadt **Tunis** angelaufen. Nordöstlich von Tunis liegen die Ruinen der wichtigen Handelsniederlassung der Phönizier, **Karthago**. Karthagische Kaufleute besaßen im 6. Jahrhundert v. Chr. das Handelsmonopol im westlichen Mittelmeer, in Südspanien, an den Küsten Nordafrikas und auf Sizilien und Sardinien. Auch heute noch befindet sich mit dem Präsidentenpalast in Karthago das Zentrum der Macht in Tunesien.

Erlebnis Orient

Die anderen nordafrikanischen Häfen auf der Kreuzfahrtroute, **Casablanca** und **Tanger**, liegen in **Marokko**. Auch hier laden die Basare und kleinen Kaffeehäuser dazu ein, in eine Märchenwelt abzutauchen.

Oftmals wird auch **Gibraltar** angelaufen, die britische Kronkolonie, die sich an der Südspitze der Iberischen Halbinsel befindet.

Wer zu Fuß über steile Treppen in die Oberstadt von Bonifacio (→ S. 62) geht, wird mit diesem großartigen Ausblick belohnt.

Praktische Infos zur Kreuzfahrt

Einige Informationen, die das Leben an Bord erleichtern und die Reise angenehm gestalten.

Erholsame Tage lassen sich an Deck verbringen, mit Blick auf die endlose Weite des Meeres – bis im strahlenden Glanz der Sonne eine weitere Perle am Mittelmeer auftaucht. Dann heißt es: bereit machen zum Landgang.

Neben der Karibik stellt das Mittelmeer die wichtigste Kreuzfahrtdestination dar. Es ist das beliebteste Kreuzfahrtziel der Deutschen: Im Jahre 2007 unternahmen laut einer Studie des Deutschen Reiseverbands 300 000 Deutsche eine Mittelmeerkreuzfahrt (die norwegischen Fjorde liegen mit 129 000 Reisen gleich auf Platz 2). Fast alle Reedereien bieten Kreuzfahrten auf dem Mittelmeer an. Das riesige Angebot macht eine solche Reise für fast alle erschwinglich: Mittelmeerkreuzfahrten in einer Innenkabine werden schon für einen Preis unter 1000 Euro angeboten. Da die Zahl reiner Seetage meist gering ausfällt, lässt es sich mit einer Innenkabine durchaus leben: Die Tage verbringen die Kreuzfahrer ohnehin an Land oder auf dem Sonnendeck.

Die Reedereien

Zwei große italienische Reedereien unterhalten ihre Heimathäfen am westlichen Mittelmeer: Costa Kreuzfahrten wurde als Costa Crociere bereits 1860 in Genua gegründet. 2004 wurde der Heimathafen nach Savona verlegt und dort ein riesiges Kreuzfahrtterminal gebaut. MSC-Kreuzfahrten (Mediterranean Shipping Company) ist in Neapel beheimatet. Beide Reedereien sind auf dem Mittelmeer mit riesigen Schiffen für mehrere tausend Gäste, die überwiegend aus den Ländern nördlich des Mittelmeers kommen, unterwegs. Kapitäne und Oberkellner sind italienischer Herkunft. Die bislang größten Schiffe der MSC sind die Splendida und die Fantasia mit 1637 Kabinen für 3959 Passagiere.

Neben den italienischen Reedereien sind alle großen Veranstalter von Kreuzfahrten auf dem westlichen Mittelmeer unterwegs, auch Royal Caribbean, das größte Kreuzfahrtunternehmen der Welt, und Carnival Cruises, die Nummer zwei. Einige Reedereien haben Angebote für Familien mit Kindern: Bei MSC fahren zwei Kinder bis 17 Jahre gratis mit ihren Eltern mit. Bei NCL liegt die Altersgrenze bei 15 Jahren. Für Eltern mit kleineren Kindern gibt es eine Kinderbetreuung, für den schon älteren Nachwuchs eine Teenie-Disco. Auch bei anderen Reedereien sind die Kosten für Kinder, die in der Kabine der Eltern reisen, relativ gering.

Deutsche Anbieter kreuzen ebenfalls auf dem Mittelmeer: TUI Cruises startet seine Rundreise auf dem westlichen Mittelmeer in Mallorca. AIDA Cruises bieten ebenfalls Kreuzfahrten ab Mallorca an. Auf den sogenannten Clubschiffen ist legere Kleidung angesagt. Auch die »Deutschland« der Reederei Deilmann, mit 292 Kabinen ein relativ kleines Schiff, ist auf dem westlichen Mittelmeer unterwegs, beispielsweise geht es in fünf Tagen von Venedig an den Vulkanen Unteritaliens und Siziliens vorbei und über den Golf von Salerno nach Civitavecchia. Hansa Kreuzfahrten schicken ihren »klassischen Liner«, MS Princess Daphne, noch zwei Häfen weiter: In neun Tagen geht es von Nizza über Elba um den Stiefel herum nach Venedig, um einiges preiswerter als mit der »Deutschland« und mit Tischwein zu den Hauptmahlzeiten. Die MS Delphin, mit 233 Kabinen ein kleines Schiff, läuft auch Malta und Tunesien an. Das luxuriöseste Kreuzfahrtschiff, die MS Europa der Reederei Hapag Lloyd, befindet sich im Herbst in der Regel ebenfalls im westlichen Mittelmeer. In zehn Tagen geht es von Lissabon, im Atlantik gelegen, bis Civitavecchia. Das Flaggschiff der Flotte setzt seine Reise nach Venedig fort, dann wird kehrtgemacht, und es geht nach Barcelona zurück.

Das Luxussegment wird neben Hapag Lloyd u. a. von der Seabourn Cruise Line bedient. Für ungefähr 10 000 Euro geht es auf der Seabourn drei Wochen lang durch das westliche Mittelmeer. Wie es auf einem solchen Schiff zugeht, hat der amerikanische Reiseschriftsteller Paul Theroux eindrucksvoll beschrieben (→ Buchtipps, S. 129). Die kleinen Luxusschiffe laufen auch kleinere, intimere Häfen wie Portoferraio auf Elba an.

Viele Veranstalter bieten außerdem spezielle Themenkreuzfahrten an, etwa besondere Angebote für Golfspieler und Musikliebhaber. MSC organisiert Kreuzfahrten für Tänzer, Schach- und Bridgespieler, außerdem für Hobbymaler.

Die Kabinenwahl

Die Kabine will mit Bedacht gewählt sein. Die Entscheidung für eine Innenkabine ist nur dann ratsam, wenn man den meisten Teil der Reise an Deck oder auf Landgängen verbringt. Auf großen, eher unpersönlichen Schiffen ist eine bessere (und leider auch teurere) Kabine, in die man sich zurückziehen kann, empfehlenswert. In den Kabinen achtern (im Heck des Schiffes) ist die Schiffsmaschine meist stärker zu hören. Hier sind auch die Vibrationen stärker. Bei älteren Schiffen sind die Wände meist sehr dünn. Ein schreiender Säugling in der Nachbarkabine ist aber auch in modernen Schiffen zu hören. Seekrankheit ist bei einer Fahrt auf dem Mittelmeer im Sommer kein Thema, da die See spiegelglatt ist. Wer jedoch auf Nummer sicher gehen will, sollte eine Kabine mittschiffs oder achtern und auf den unteren Decks wählen. Zum Bug hin und auf den oberen Decks schaukelt es meist stärker. Die Kopfkabinen des Schiffes sind in der Regel der Besatzung vorbehalten. Die teuersten Kabinen sind Suiten mit Balkon, die teilweise über 50 Quadratmeter groß sind. Nach einem anstrengenden Landausflug lädt hier der eigene Whirlpool zum Relaxen ein. Gleichzeitig kann man die Speisekarte für das Galadiner am Abend studieren. Diese wird den Gästen, die eine Suite bewohnen, eigens in die Kabine gebracht.

Neueste Entwicklung ist die Einrichtung eines Premium-Bereichs auf den Schiffen: MSC bietet auf den Großschiffen Fantasia und Splendida einen speziellen VIP-Bereich an, der sich MSC Yacht Club nennt. Hier bleibt, wer es sich leisten kann, unter sich: Für die 99 Suiten gibt es auf dem Vordeck einen eigenen Pool sowie eine eigene Lounge. Auch beim Ein- und Ausschiffen gibt es eine Vorzugsbehandlung. Bei NCL nennt sich die entsprechende Kabinenklasse »Garden and Courtyard Villas«.

Sicherheit wird großgeschrieben: Am ersten Tag auf See findet eine Seenotrettungsübung statt, deren Teilnahme für alle Reisenden verpflichtend ist.

Sonnenhut nicht vergessen

Ins Reisegepäck einer Mittelmeerkreuzfahrt gehört unbedingt luftige Kleidung, die für Landausflüge nicht zu freizügig sein darf – in Kirchen ist das Tragen von Shorts und schulterfreien Tops häufig verboten. Mit einpacken sollten man einen Sonnenhut und Sonnencreme mit einem sehr hohen Lichtschutzfaktor. Abends auf Deck benötigt man nach Sonnenuntergang auch schon mal einen warmen Pullover. Badekleidung sollten Sie ebenfalls nicht vergessen. Wer sich nicht im meist sehr knapp bemessenen Schiffspool drängen will, findet sicher Gelegenheit, beim Landgang einen ortsnahen Strand aufzusuchen. Ausreichend Lektüre ist ebenfalls wichtig, da reine Seetage schon einmal lang werden können und das deutschsprachige Angebot in den Bordbibliotheken der preiswerteren Anbieter recht dürftig ist. In den Hafenorten sind aber meist auch deutschsprachige Zeitungen zu bekommen. Die Bordzeitung enthält nur die wichtigsten Nachrichten.

Das Einschiffen

Mit den Reiseunterlagen werden Kofferanhänger verschickt, auf denen die Kabinennummer steht (sofern Sie nicht eine unspezifizierte Kabinenklasse gebucht haben). Beim Einschiffen gibt man seine Koffer schon vor dem Einchecken ab. Sie werden vom Bordpersonal vor die Kabine gestellt. Achten Sie deshalb darauf, alles Wichtige – Medikamente, Papiere und eine Zahnbürste – im Handgepäck aufzubewahren. Das Gepäck pro Passagier darf 100 Kilo nicht übersteigen. Hier werden den Reisenden eher von den Freimengen der Fluggesellschaften Grenzen gesetzt.

Gerade bei größeren Schiffen kann das Einschiffen eine zeitraubende Prozedur darstellen, es ist daher ratsam, sich rechtzeitig am Kai einzufinden. Meist beginnt das Einschiffen drei Stunden vor dem Ablegen des Schiffes und dauert zwei Stunden. Wer früh an Bord ist, hat genügend Zeit, sich schon vor Auslaufen des Schiffes in seiner Kabine heimisch zu machen und schon einmal eine Runde auf Deck zu drehen.

Beim Betreten der Gangway macht der Kreuzfahrer die erste Bekanntschaft mit den Bordfotografen. Diese nehmen ihre Arbeit sehr ernst und tauchen immer wieder auf, beispielsweise beim Galadiner, bei der Rückkehr von Landausflügen oder bei der Seenotrettungsübung. Die Fotos hängen im Foyer aus, sind nicht immer unbedingt preiswert, stellen aber doch, da von Könnern geschossen, ein schönes Andenken dar.

Auf den Schiffen teurerer Anbieter werden die Gäste von einem Steward zu ihrer Kabine geleitet, auf den Großschiffen müssen Sie sich selbst zurechtfinden. Auch nach einer Woche werden Sie sich hier immer noch statt steuerbord plötzlich backbord befinden oder achtern statt im Bugbereich. Steward oder Zimmermädchen händigen die Schlüsselkarten aus, falls man sie nicht schon beim Einchecken bekommen hat. Diese Schlüsselkarten haben eine vielseitige Funktion. Sie dienen als Bordkreditkarten und müssen an eine Kreditkarte (Visa, Mastercard oder American Express) gekoppelt sein. Wer keine Kreditkarte besitzt, muss pro Tag eine größere Geldsumme hinterlegen (bei NCL sind es 75 Dollar pro Tag und Kabine).

Wichtig: Informationsveranstaltung und Seenotrettungsübung

Nach Ablegen des Schiffes finden in der Regel in mehreren Sprachen und häufig von einer Powerpointpräsentation unterstützt Informationsveranstaltungen statt. Diese sollten Sie sich nicht entgehen lassen: Hier erfahren Sie alles Wissenswerte über die Angebote auf dem Schiff und über die Landausflüge. Darüber informiert auch das Tagesprogramm, das jeden

Abend an alle Kabinen verteilt wird. Bei Fragen können Sie sich jederzeit an den Empfang wenden, der rund um die Uhr besetzt ist. Die Sprechstunden der Bordhostessen sind im Tagesprogramm verzeichnet.

Am ersten Tag nach dem Ablegen findet die Seenotrettungsübung statt, die für alle Reisenden Pflicht ist. Mit der Schwimmweste angetan, die in allen Kabinen liegt, haben sich alle auf dem Promenadendeck unter den Rettungsbooten einzufinden. Auf den großen Schiffen führt das meist zu einem ziemlichen Gedränge.

Die Tischgepflogenheiten

Der Kabinensteward verrät Ihnen Ihre Tischnummer. Auf den meisten Schiffen gibt es zwei Tischzeiten, für die Sie sich bereits bei der Buchung entscheiden müssen. Meist beginnt die erste Tischzeit um 18 Uhr, die zweite um 20.30 Uhr oder erst um 21 Uhr, was den normalen Gepflogenheiten am Mittelmeer entspricht. Einige Schiffe, beispielsweise die von Hapag Lloyd, haben nur eine Tischzeit. Sollten Sie mit Ihrer Tischgesellschaft nicht zufrieden sein, ist Ihnen der Oberkellner sicher behilflich, einen anderen Platz zu finden.

Welche Kleidung jeweils im Restaurant erwünscht ist, können Sie im Tagesprogramm nachlesen. Abends dürfen Sie in der Regel nicht in Shorts oder T-Shirt im Restaurant erscheinen. Gerade auf amerikanischen Schiffen ist dies sowieso nicht ratsam. Durch die Klimaanlage ist es dort in den Restaurants recht kühl. Es wird jedoch allgemein Wert darauf gelegt, dass sich die Kreuzfahrtgäste zum Essen umziehen. Bei einem Galadiner sollten die Herren im Anzug oder zumindest im Jackett erscheinen. Bei den Damen ist »festliche« Garderobe angesagt.

Falls Sie eine Mahlzeit versäumen, ist das kein Problem: Auf den größeren Schiffen werden immer irgendwo Hamburger und Pizzastücke in einem Büfettrestaurant serviert, das fast rund um die Uhr geöffnet ist. Die Mahlzeiten fallen ohnehin so üppig aus, dass man auch getrost einmal eine auslassen kann.

Nach dem Einschiffen steht meist die erste Mahlzeit im Restaurant an. Bis auf die Getränke ist alles inklusive. Bei einigen Anbietern sind allerdings auch Bier oder ein einfacher Tafelwein im Preis eingeschlossen. Auf den meisten Schiffen wird auch auf Sonderwünsche Rücksicht genommen, so gibt es beispielsweise vegetarische oder glutenfreie Gerichte.

Entertainment

Nach dem Essen empfiehlt es sich, die lauen Nächte des Mittelmeers auf dem Promenadendeck zu genießen und einen Drink an der Poolbar zu nehmen. Sie können allerdings auch in der Bar dem Bordpianisten lauschen. Auf den großen Kreuzfahrtschiffen ist die Nacht jetzt noch jung: Sie können sie mit einer Show im Bordtheater beginnen und dann in der Disco bis in die frühen Morgenstunden Ihren Bewegungsdrang ausleben oder im Kasino Ihr Geld verspielen. Kasinos gibt es auf deutschen Schiffen allerdings nicht. Hier wurden sie wegen zu geringer Nachfrage wieder abgeschafft. Wer sich dann noch einmal stärken muss, für den gibt es ein Mitternachtsbüfett oder im Premiumbereich einen »Late Night Snack«.

Auf kleineren Schiffen wird häufig ein kulturelles Rahmenprogramm geboten. Lektoren führen in Vorträgen in die Kultur und Geschichte der Region und der Reiseziele ein. Bei Hapag Lloyd gibt auch schon mal ein Astronom auf Deck eine Einführung in den Sternenhimmel. Dazu wird die Außenbeleuchtung des Schiffes abgeschaltet. Seit alle Kabinen mit Fernsehern ausgestattet sind, hat man die Bordkinos eingespart. Auf einigen Schiffen finden jedoch Filmvorführungen unter freiem Himmel statt.

Wenn nach dem Diner die Nacht noch jung ist, kann man einen Cocktail schlürfen, die lauen Nächte am Promenadendeck genießen oder das Bordtheater aufsuchen.

Sport- und Wellnessangebote

Größere Schiffe verfügen über Tennisplätze, eine Joggingbahn und ein Fitnessstudio mit einem reichhaltigen Wellness-Angebot. Frisch massiert kann man noch den Bordfriseur und den Schönheitssalon aufsuchen und fühlt sich nach der Behandlung wie ein neuer Mensch. Die modernsten Schiffe haben neben riesigen Wasserrutschen auf dem Oberdeck neuerdings auch Kletterwände und Golfplätze mit bis zu neun Löchern. Wer möchte, kann auch Personal Coaching in Anspruch nehmen, das manche Schiffe anbieten. Dabei nimmt sich ein persönlicher Trainer Ihrer an und stellt ein spezielles Fitnessprogramm für Sie zusammen.

Kinderprogramm: Pizzaparty und Piratenschatzsuche

Größere Schiffe stellen mit ihren Swimmingpools und Pizzabüfetts das reinste Kinderparadies dar. Für eine nahezu lückenlose Betreuung der Kinder durch die Entertainment-Mitarbeiter ist gesorgt, damit sich auch die Eltern unter den Passagieren hinreichend entspannen können. Bei Costa werden die Sprösslinge in Mini (3 bis 6 Jahre), Maxi (7 bis 11 Jahre), in Teen Junior (12 bis 14 Jahre) und Teen (15 bis 17 Jahre) eingeteilt. Neben Disco, Karaoke und Pizza-Partys geht es auf die Piratenschatzsuche. Auf einigen Schiffen können Eltern ihre Kinder auch betreuen lassen, während sie einen Landgang unternehmen.

Landgang und Ausflüge an Land

In einigen Häfen am Mittelmeer, beispielsweise in Cannes, liegen die größeren Schiffe auf der Reede. Dann werden die Passagiere in einigen der Rettungsboote (die dann als Tenderboote bezeichnet werden) an Land gebracht. Hier nimmt der Landgang mehr Zeit in Anspruch, aber in den kleinen Tenderbooten sind Sie dem Meer näher als auf dem Promenadendeck des Kreuzfahrtschiffs.

Beim Anlegen im Hafen warten die Busse für die Ausflüge bereits am Kai. Für jeden Geschmack wird etwas angeboten: Sightseeing-Fahrten zu antiken Stätten, Museen oder anderen Sehenswürdigkeiten oder einfach nur in den Ort mit einem Rundgang durch die Altstadt. Im Angebot sind auch Verkostungstouren (Wein, Tapas,

Olivenöl), Fahrten an einen besonders schönen Strand oder Aktiv-Touren mit Radfahren, Tauchen oder Strandritten. Häufig, wie beispielsweise in Genua und Barcelona, ist das Tagesziel aber auch vom Hafen aus in wenigen Minuten zu Fuß zu erreichen und Sie können es mühelos auf eigene Faust erkunden.

Bedenken Sie bei Ihren Landausflügen, dass Sie spätestens eine Stunde vor Ablegen des Schiffes wieder an Bord sein müssen. Auf die Ablegezeit Ihres Schiffes werden Sie an Bord mehrmals hingewiesen. Das ist vor allem wichtig, wenn Sie sich keinem organisierten Ausflug anschließen, sondern auf eigene Faust unterwegs sind. Ist das Schiff einmal weg, können Sie ihm nicht ohne Weiteres hinterherfahren, um es wieder einzuholen.

Nach dem Landgang – hier am Hafen in Barcelona – müssen Sie sich bei der Crew als Passagier ausweisen.

Das Ausschiffen

Am letzten Abend werden meist auch die Kataloge für die nächste Kreuzfahrtsaison auf den Kabinen verteilt. Dann können Sie sich überlegen, wo es das nächste Mal hingeht, ins östliche Mittelmeer oder gar ins Schwarze Meer.

Sämtliche Koffer werden bereits in der Nacht vor dem Ausschiffen eingesammelt. Achten Sie darauf, dass keine Wertsachen und Medikamente in die Koffer geraten und dass Sie, wenn Sie die Koffer vor die Kabine gestellt haben, noch etwas zum Anziehen haben. Schon manch einer soll das Schiff im Schlafanzug verlassen haben. Am Morgen der Ankunft müssen Sie noch eventuelle Schulden der Bordkreditkarte begleichen (man lässt Sie sonst nicht von Bord), sofern diese nicht an eine Kreditkarte gekoppelt ist, oder sich den Rest Ihrer Bareinlage zurückholen.

Bei großen Schiffen mit mehreren Tausend Gästen ist das Ausschiffen eine zeitraubende Angelegenheit, aus dem einfachen Grund, dass das Entladen der Koffer nicht im Handumdrehen zu bewerkstelligen ist. Sie können von der Reling aus mitverfolgen, wann die Container mit den Koffern ausgeladen werden. Erst dann können Sie von Bord gehen. Vorher empfiehlt es sich, eine ruhige Ecke aufzusuchen und es sich mit einem guten Buch bequem zu machen. Jetzt ist auch die letzte Gelegenheit, Telefonnummern mit neuen Reisebekanntschaften auszutauschen.

Fast alles ist geschlossen, da die Bordkreditkarten seit der Nacht vorher nicht mehr funktionieren und nur noch bar bezahlt werden kann. Außerdem wird überall fieberhaft alles für die nächsten Passagiere vorbereitet, die am Abend an Bord gehen und in See stechen. Und vergessen Sie nicht, noch einmal beim Bordfotografen vorbeizuschauen. Dieser hat sicherlich – wie während der gesamten Reise – schöne Fotos gemacht.

MERIAN *live!*-QUIZ

GEWINNSPIEL: Monat für Monat eine Reise und weitere attraktive Preise zu gewinnen!

Um wen, was oder welchen Ort geht es hier?

» Was wäre eine Kreuzfahrt ohne Landausflüge – viel Wasser, einige Möwen und ein immer gleicher Horizont. Mögen die angelaufenen Gestade den sichtbaren Horizont verengen, den geistigen erweitern sie. Kaum wäre sonst in einer einzigen Reise der Anblick der Hervorbringungen eines Gaudí in Barcelona, jener der Kreuzritter auf Malta oder, in Italien, derjenigen des Gesuchten möglich.

Wie er das nur mache, aus einem groben Stein eine Figur von vollendeter Schönheit zu schaffen, wurde er einmal gefragt. Ganz einfach, so seine kuriose Antwort, man müsse nur alles Material weghauen, das überflüssig sei. Zwar hatte sein Vater andere Pläne mit ihm, doch zum Glück setzte sich der 13-Jährige durch, die Kunst zu seinem Handwerk zu machen. Darin wurde er einer der Größten.

In seinem 88 Jahre langen Leben schuf er mit Hammer und Pinsel ein riesiges Werk. Mal hier, mal da malte und meißelte er. Dem an bedeutenden Kunstschätzen nicht gerade armen Rom fügte er einige der bedeutendsten hinzu. Als kleiner Fingerzeig: In seinem wohl eindrucksvollsten Werk schlägt eine Berührung Lebensfunken.

Der Anblick der Szene ist so magisch, dass man dabei halsstarrig werden könnte. Für seinen berühmtesten Auftrag lag der Gesuchte vier Jahre auf dem Rücken. Später stand er im selben Raum weitere sieben Jahre tagtäglich hinter dem Altar und brachte es dabei gegen den Groll des Klerus fertig, einen erwachsenen Jesus bartlos zu zeigen. «

Felix Woerther

Wenn Sie die Lösung wissen, besuchen Sie uns doch im Internet unter **www.merian.de/quiz** oder senden Sie uns eine E-Mail an **quiz@travel-house-media.de**

Unter den Einsendern verlosen wir Monat für Monat attraktive Preise. Viel Glück!

presented by **OLYMPUS**

Gewusst wo...

Die mediterrane Küche setzt auf Fisch und Meeresfrüchte. Die große Auswahl reicht von Austern über Krabben bis hin zu Hummer und Seeigel, die fangfrisch und in einer unendlichen Vielfalt an Zubereitungsvarianten auf den Tisch kommen.

Pizza, Tapas und Parfüm: Die Länder rund um das westliche Mittelmeer geben dem Kreuzfahrer reichlich Gelegenheit zum Schlemmen, Einkaufen und Feiern auf mediterrane Art.

Essen und Trinken

Die mediterrane Küche ist exzellent. Ihr Geheimnis: Tomaten, Olivenöl und ein Hauch Knoblauch.

Einfach mit dem Finger draufzeigen und probieren: Eine eindrucksvolle Auswahl an Tapas, den typischen kleinen Snacks, die der Kreuzfahrer auf Mallorca oder an der spanischen Küste kosten sollte, bietet das Tapa Tapa (→ S. 45) in Barcelona.

In Italien wird stets aufwendig geschlemmt: Antipasti, kalte Vorspeisen, als »primo piatto« ein Nudelgericht, dann als Hauptspeise – »secondo« – ein Fleischgericht, etwa »cotoletta alla milanese« (paniertes Kalbsschnitzel). Wollen Sie die italienische Küche auch an Bord genießen, dann empfiehlt sich eine Kreuzfahrt mit einer der beiden italienischen Reedereien Costa oder MSC.

Falls Sie sich beim Essen an den Sternen im Michelin-Führer orientieren: Nirgendwo gibt es so viele mit Sternen, Kochmützen oder Kochlöffeln prämierte Restaurants wie an der Côte d'Azur. Um exzessiv zu schlemmen, eignen sich die Liegezeiten der Schiffe jedoch kaum: Die Kreuzfahrtschiffe legen meist vor dem ersten Gang im Restaurant um 19 Uhr wieder ab.

Was Sie beim Landgang jedoch unbedingt tun sollten: einen Kaffee schlürfen. Das arabische Getränk wurde von Pilgern, die nach Mekka gereist waren, im Abendland verbreitet. Kein Wunder also, dass der Kaffee im Süden, im ehemaligen islamischen Herrschaftsbereich, immer noch ein bisschen besser schmeckt als weiter nördlich in Europa.

Auf dem Kreuzfahrtschiff wird man Sie mehr als ausreichend verpflegen, Sie sollten sich für den Landausflug jedoch trotzdem immer ein kleines kulinarisches Abenteuer vornehmen: den Besuch eines Cafés, einer Bar, einer Bäckerei, eines Marktes oder einer Markthalle. Da auf den großen Schiffen meist das gesamte Obst zu Beginn der Kreuzfahrt in den riesigen Kühlräumen eingelagert wird, wird es häufig halb unreif angeliefert und liegt später grün und mit wenig Geschmack auf den Frühstücksbüfetts. Es ist besser, Sie decken sich an Land mit ein paar reifen Aprikosen und Pfirsichen ein, wie Sie sie in dieser Qualität sonst kaum auf der Welt bekommen. Es wird Ihnen später noch bei der Erinnerung das Wasser im Mund zusammenlaufen!

Viele Hafenstädte warten mit traditionsreichen Cafés auf, beispielsweise in Neapel das Gambrinus. Hier können Sie eine »torta caprese« (mit Schokolade und Mandeln) oder eine »torta di limone« (Zitronentorte) bestellen. In Genua ist das Café der Wahl die Antica Pasticceria Klainguti, die bereits 1828 von einem Schweizer gegründet wurde. In Monaco sitzen alle, die etwas auf sich halten, im Café du Paris, an der Place du Casino.

Pasticceria und Horchatería

Hier sollten Sie sich wie überall sonst in Frankreich zum Kaffee ein himmlisch-buttriges Croissant genehmigen. Falls Sie Abwechslung vom Kaffee suchen, können Sie in Nizza auch das zentral gelegene Teelokal Le Thé aufsuchen oder in Barcelona eine der traditionellen Milchbars, die »granjes«. Hier werden Frucht-Milchgetränke und »horchata« (Erdmandelmilch) serviert. Diese wird aus gemahlenen Erdmandeln, die hauptsächlich in der Gegend von Valencia angebaut werden, Wasser und Zucker hergestellt. In Valencia gibt es im Stadtteil Alboraya auch gleich eine Avenida de la Horchata, in der Sie die Horchatería Daniel aufsuchen können. Eine »horchata« muss frisch zubereitet genossen werden, in Flaschen abgefüllt schmeckt sie schal.

Da Sie an Bord sehr viel Zeit im Restaurant verbringen, werden Sie beim Landgang kaum Lust auf große Mahlzeiten mit mehreren Gängen verspüren. Für den kleinen Appetit sind ein Kaffee und ein »panino«, wie die belegten Brote in Italien heißen, aber genau das Richtige. Auf Malta werden zum Kaffee »pastizzi«, mit Ricotta-Käse, Erbsenbrei oder Spinat gefüllte Teigtaschen, serviert. In Süditalien können Sie auch einfach in einer Bäckerei eine Pizzaecke und eine

Die römische Bar Obika (→ S. 86): ideal für einen kleinen Imbiss zwischendurch.

Flasche Mineralwasser ordern und es sich unter einer schattigen Zypresse bequem machen. In Ligurien besteht der schnelle Imbiss aus einer »farinata«, einem Fladen aus Kichererbsenmehl, oder »focaccia«, einem salzigen, meist mit Rosmarin gewürzten Fladenbrot. In Nizza heißt der Fladen aus Kichererbsenmehl im Übrigen »socca«, auch eine Art Pizza mit Sardellen gibt es hier, »pissaladiera«.

Sie werden bei Ihrer Reise immer wieder feststellen, dass die Ähnlichkeiten der mediterranen Küche größer sind als ihre Unterschiede. An heißen Sommertagen wird in Südfrankreich eine »soupe au pistou«, eine Gemüsesuppe mit Knoblauch und Basilikum, serviert, weiter im Süden, in Spanien, sollten Sie sich bei heißem Wetter einen »gazpacho«, eine kalte Suppe aus Gurke, Tomate und Knoblauch, bestellen.

Der kleine Imbiss auf Mallorca und an der spanischen Küste sind die Tapas. Auf Mallorca stehen sie in jeder Bar auf der Theke: Schnecken (»cargols«), Fleischbällchen (»albóndigas«), Nierchen (»riñones«) in Weinsauce, gegrillte Sardinen oder eingelegte Sardellen (»boquerones«). In Katalonien tauchen bei den Tapas auch schon mal geschmortes Kaninchen oder dicke Bohnen mit Blutwurst auf. Der Klassiker ist ein »pa amb tomaquet«, ein geröstetes Brot mit Olivenöl und Tomaten. Das Tapas-Standardsortiment besteht aus Schinken- und Käsespezialitäten, beispielsweise Jabugo-Schinken, der einem auf der Zunge zergeht, und »queso de cabra« (Ziegenkäse), Kroketten aus Fisch und Tintenfischchen. Oliven fehlen nie und nirgends.

Am Nachmittag ist zu erwägen, den Aperitif vielleicht bereits an Land zu nehmen. In Italien können Sie sich einen Campari mit frisch gepresstem Orangensaft servieren lassen. In Spanien empfiehlt sich ein trockener Sherry, vorzugsweise »Fino«; die Sorten »Amontillado«, »Oloroso« und »Cream« sind schwerer und eignen sich daher eher als Dessertwein.

Schmackhafte Vielfalt aus der Suppenküche

Sollten Sie im Herbst einmal einen kühleren Tag erwischt haben, dann können Sie sich in Frankreich mit einer »bouillabaisse«, einer Fischsuppe mit geröstetem Brot, wieder aufwärmen. Dazu wird meist »rouille« serviert, eine Knoblauchmayonnaise mit Chili. Jenseits der Pyrenäen in Katalonien taucht die Fischsuppe als »suquet de peix« auf den Speisekarten auf.

Die berühmte Paella, Safranreis mit verschiedenen Einlagen, ist etwas weiter südlich zu Hause: Sie kommt ursprünglich aus Valencia. Eingeweihte raten dringend davor ab, weiter im Süden, beispielsweise in Andalusien, Paella zu bestellen. Echt ist sie nur in den nördlichen spanischen Mittelmeerprovinzen, wo der Reis auch in der Gegend von Valencia angebaut wird.

Die nordafrikanische Küche dominiert das Couscous. Es unterscheidet sich grundlegend von dem Instant-Couscous, wie es bei uns gebräuchlich ist und das man einfach mit kochendem Wasser übergießt. In Marokko ist das Couscous ein Feiertagsessen. Die Hartweizengrieskörner werden über dem Dampf einer Brühe gegart, die aus Lammfleisch, Auberginen, Zucchini, weißen Rüben, Karotten, Tomaten und Kichererbsen besteht. Auf dem Land kochen die Familien mehr Couscous, als sie selber essen können, und geben dann am Freitag den Armen vor der Moschee davon ab.

Als Snack gibt es in den marokkanischen Garküchen und Straßenrestaurants »brochettes«, gegrillte Lammspieße, und »kefta«, gegrillte, stark gewürzte Hackfleichröllchen. Dazu genießt man einen »thé à la menthe« (der augenzwinkernd auch Berber Whisky oder Whisky Marocain genannt wird), einen sehr süßen, grünen Tee mit viel frischer Minze, der jedoch ein hervorragender Durstlöscher ist.

Markthallen und Souks

Eine Vorstellung von der jeweiligen Landesküche erhalten Sie am besten in einer der Markthallen, beispielsweise im Mercado Central in Valencia. In dieser größten Markthalle am Mittelmeer arbeiten 1500 Menschen. Im Jugendstil im frühen 20. Jh. erbaut befindet sich die Markthalle an derselben Stelle wie schon der Souk islamischer Zeiten. Der Mercat de Santa Caterina in Barcelona erhielt 2005 ein neues, geschwungenes und farbenfrohes Dach. In der Regel sind die Markthallen nicht weit vom Hafen entfernt und auf dem Landgang gut und schnell zu erreichen. Zum Mercato Coperto im ligurischen Savona sind es nur wenige hundert Meter. In Genua heißt die Markthalle irreführend Mercato Orientale. Für authentisch-orientalische Märkte muss sich der Kreuzfahrer schon auf die Südseite des Mittelmeers begeben. Dafür gibt es sie dort, in Tunesien und Marokko, umso zahlreicher.

Empfehlenswerte Restaurants und andere Lokale finden Sie jeweils bei den Orten im Kapitel »Unterwegs auf dem westlichen Mittelmeer«.

Genuss aus der Pfanne: Das durch Zugabe von Safran leuchtend gelbe Reisgericht wird in einer flachen Pfanne zubereitet und ist ein Nationalgericht der Region Valencia.

Einkaufen

Olivenöl und Lavendel, handgefertigte Spitze und Fächer sind mittelmeertypische Reiseandenken.

Rot, Gelb, Braun, Blau – die Gewürze Nordafrikas tragen die Farben der Landschaft. In der heimischen Küche verwendet, wecken sie schöne Urlaubserinnerungen.

In den von vielen Touristen besuchten Städten am Mittelmeer werden Sie sich vor Andenkenläden nicht retten können. Preiswerter als in den Touristenshops ist das Shoppen – jedenfalls am nördlichen Mittelmeerufer – häufig auf den Märkten, auf denen die Lokalbevölkerung einkauft.

Auf Malta haben Klöppelarbeiten Tradition. Schon im 18. Jh. deckten sich die europäischen Fürstenhöfe mit Malteser Spitze ein. Echte Spitze ist teuer. In Geschäften und auch von Klöpplerinnen auf der Straße wird häufig Billigware aus Fernost angeboten.

Bei Albanicos Carbonell im spanischen Valencia können Sie sich hingegen sicher sein, echte Ware zu bekommen. Hier werden die berühmten, für den Flamenco unerlässlichen Fächer bereits in vierter Generation hergestellt und verkauft. An der Herstellung eines aufwendigen Fächers sind nicht weniger als zwanzig Handwerker beteiligt.

Hochwertiges Kunsthandwerk finden Sie auch in Devotionalienläden, beispielsweise in der Altstadt von Neapel. Hier werden wunderschöne Rosenkränze feilgeboten. Sizilien ist die Heimat der geschnitzten Krippenfiguren. Berühmt sind auch die Krippenfiguren (»santons«) der Côte d'Azur. Sie kommen überwiegend aus Fréjus und Toulon.

Rosenkranz und Krippenfiguren

In der Provence blühen blauviolett im Juli und August die Lavendelfelder. Beim Landausflug in Marseille sollten Sie es nicht versäumen, sich ein Lavendelsäckchen zuzulegen sowie ein Stück der berühmten Kernseife (»Savon de Marseille«). Sie enthält besonders viel Fettsäure (72 %) und wird aus Kokosnuss- und Erdnussöl hergestellt. Im Hinterland von Cannes im Städtchen Grasse duftet es unwiderstehlich nach Rosen und Jasmin. Grasse ist das Zentrum der französischen Parfümherstellung. In der bereits 1747 gegründeten Parfümerie Galimard können Sie sich sogar Ihr eigenes Parfüm mischen.

Beliebt sind auch flüssige Souvenirs. In Italien sollten Sie eine Flasche Grappa, Limoncello, einen hochprozentigen Zitronenlikör, oder Marsala (einen süditalienischer Dessertwein) erstehen oder in Frankreich einen Pastis. Spanien lockt mit einem schier unüberschaubaren Angebot an Sherry, einem Likörwein.

Flüssige Souvenirs: Grappa, Pastis und Sherry

Töpferwaren und Keramik können Sie überall am Mittelmeer erstehen. In Vallauris an der Côte d'Azur lernte der Maler Picasso das Töpfern. Noch heute wird hier Keramik nach seinen Entwürfen hergestellt und (in der Galerie Madoura) verkauft.

Aus Tunesien sollten Sie sich ein Päckchen getrocknete Datteln mitbringen, die dort von Oktober bis Anfang Dezember geerntet werden. Einen guten Ruf genießen außerdem die tunesischen Lederwaren, Taschen, Jacken und Schuhe. Schmuck, wie Ketten aus echten Korallen, und Teppiche, beispielsweise einen Kelim, sollten Sie lieber nicht auf den Souks, den farbenprächtigen Märkten, erstehen, sondern in einem der staatlichen Läden. Gefeilscht wird immer.

Auch in Marokko sind Teppiche beliebte Reiseandenken. Hier bestechen aber auch die Holzarbeiten wie Teetischchen, Schalen und Kästchen aus Zedern- und Thujaholz mit Intarsien aus Ebenholz, Perlmutt und Elfenbein. Weiterhin werden Kupfer- und Messingarbeiten feilgeboten, wie Lampen, Kerzenständer und Platten.

Empfehlenswerte Geschäfte und Märkte finden Sie jeweils bei den Orten im Kapitel »Unterwegs auf dem westlichen Mittelmeer«.

Feste und Events

Patronatsfeste, Schiffsprozessionen, Karneval – viele der bunten Feste sind religiös motiviert.

Reigentänze, Riesen aus Pappmaschee und Menschentürme: Zum Repertoire der Patronatsfeste in Barcelona und anderen katalanischen Orten gehören »Gegants«, kunstvoll gearbeitete Riesenköpfe, die durch die Straßen getragen werden.

An den nördlichen Küsten des westlichen Mittelmeers bewegt man sich in der Welt des Katholizismus: Hier werden die Schutzheiligen der Städte und Dörfer mit Prozessionen gefeiert, die häufig als Schiffsprozessionen auch zu Wasser stattfinden. Der Beginn der Fastenzeit, der Karneval, der beispielsweise in Nizza mit einem farbenprächtigen Umzug und einem bombastischen Feuerwerk gefeiert wird, lässt sich etymologisch nicht nur vom Lateinischen »carne vale« (Fleisch ade) herleiten, sondern auch von »carrus navalis« (Schiffskarren): Zum Wiederbeginn der Schifffahrt nach den Frühjahrsstürmen wurden die Boote auf Karren durch die Straßen gezogen. In Spanien ist die Karwoche, die Semana Santa, besonders wichtig und wird auf vielfältige Weise gefeiert. Auch am Golf von Neapel und auf Sizilien ist die Karwoche wichtiger Bestandteil des Festkalenders. Besonders ausdrucksstark sind die Prozessionsgruppen, die den Lebens- und Leidensweg Christi nachspielen. Wie in Nordeuropa wird auch in Katalonien die Sommersonnwende gefeiert (die Nit de Sant Joan). Dann werden Freudenfeuer entzündet. Zu den kirchlich-religiösen Feierlichkeiten kommen Volksfeste, Umzüge in historischen Kostümen und Musikfestivals.

Was bei Italienern und Spaniern Patronatsfest heißt, sind in Marokko die Moussems, die Jahresfeste zu Ehren der Lokal-, Regional- und Nationalheiligen. An diese Feste, von denen es in Marokko mehr als tausend gibt, schließt sich in der Regel ein Volksfest an, bei denen die Araber- und Berberstämme Volkstänze aufführen.

März

Vampe di San Giuseppe, Sizilien
Ein Fest zu Ehren des sizilianischen Inselheiligen San Giuseppe. Unter reger Anteilnahme der Bevölkerung lodern zahlreiche Feuer zum Himmel.
18. März

»Fallas« (Fackeln), Valencia
Die »Fallas« gehen auf eine alte Tradition der Zimmerleute zurück, die Holz und Gerümpel verbrannten und damit das Ende des Winters feierten. Mit ungeheurem Aufwand basteln die Valencianer das ganze Jahr über mehr als 300 große Figuren aus Holz und Pappmaschee (»ninots«). Vier Tage nach Fertigstellung werden diese dann gnadenlos verbrannt, nur die schönste wandert ins Museo Fallero.
19. März

April

Via Crucis, Rom
Feierliche Prozession durch Rom zum Kolosseum, wo der Papst einen Wortgottesdienst hält.
Karfreitag

Stadtgeburtstag, Rom
Die Stadt Rom feiert ihren Geburtstag mit einem Feuerwerk auf dem Kapitol.
21. April

Festa di San Giorgio, Sizilien
Auf ganz Sizilien finden diverse Feierlichkeiten auf dem Dorfplatz zu Ehren des Inselheiligen statt.
23. April

Mai

Fest des San Gennaro, Neapel
Geburtstag des Schutzheiligen der Stadt, Prozession und Blutwunder.
Erstes Wochenende im Mai

Juni

Regata Storico e Luminara di San Ranieri, Pisa
Der Bootwettstreit wird von vier Stadtteilen Pisas ausgetragen. Am Vorabend finden traumhafte Lichterimpressionen am Fluss statt.
16./17. Juni

Festa de' Noantri, Rom
Trastevere feiert mit Musik, Wein und Märkten jedes Jahr eine Woche lang ein fröhliches Straßenfest.
2. Junihälfte

Calcio Storico in Costume e Festa di San Giovanni, Florenz
Am Tag des Schutzpatrons von Florenz findet ein Fußballspiel in historischen Kostümen auf der Piazza Santa Croce statt. Abends endet das Spektakel mit einem großen Feuerwerk.
Am 24. Juni und an zwei jährlich neu festgelegten Tagen, meist zwischen 7. und 14. Juni

Festa dei Santi Pietro e Paolo, Rom
Zu Ehren der Stadtpatrone von Rom, der Apostel Petrus und Paulus, finden feierliche Prozessionen statt.
29. Juni

Gioco del Ponte, Pisa
Kräftemessen in Pisa: Zwölf Teams aus den Stadtteilen »Tramontana« und »Mezzogiorno« mit 240 bärtig kostümierten »Mannen« lassen auf der Brücke ihre Muskeln spielen.
Letzter Sonntag im Juni

Juni/September

Estate Romana, Rom
Sommer-Kulturprogramm der Stadt Rom mit Musik, Theater, Kino, Ausstellungen etc. in der ganzen Stadt.
www.estateromana.it

Juli

Taormina Arte, Sizilien
Musikalisches Sommerfestival im atemberaubend gelegenen griechischen Theater von Taormina.
www.taormina-arte.com

Roma Alta Moda
Die Models der Topdesigner schreiten in Roms Monumenten gekonnt den Laufsteg entlang.
Erste Julihälfte

U fistinu di Santa Rosalia, Palermo
In Palermo steht bei diesem Fest alles im Zeichen der Stadtheiligen. Die Inselmetropole gleicht einem brodelnden Hexenkessel. Der Höhepunkt des Festes ist eine Prozession, bei der eine Statue der hl. Rosalia auf einem reich geschmückten Wagen durch Palermo gezogen wird. Am letzten Abend findet am Hafen ein riesiges Feuerwerk statt.
14./15. Juli

Fest der Madonna del Carmine, Neapel
Der Brand des Turmes der Kirche S. Maria del Carmine wird mit Feuerwerkskörpern »nachgespielt«.
15./16. Juli

Festival delle Ville Vesuviane, Ercolano
Konzerte im Portikus der Villa Campolieto in Ercolano.
www.villevesuviane.net

September

Día Nacional de Catalunya, Barcelona
Katalanischer Nationalfeiertag im Gedenken an die Niederlage Barcelonas gegen die Bourbonen unter Felipe V. von Spanien 1714. Es finden diverse Kundgebungen in Erinnerung an den Widerstand gegen die Unterordnung unter die spanische Krone statt.
11. September

Festa Major de la Mercè, Barcelona
Fest zu Ehren der Patronin des Mercedarierordens. Riesiges Volksfest mit einem »correfoc«, einem Umzug mit Feuer und Pappmascheefiguren, Sardana-Tanz und »castellers«, Türme aus Menschen.
17.–24. September

Dezember

Winterschwimmen im Hafenbecken, Barcelona
Bald nach Weihnachten kommt es in Erinnerung an ein ehemaliges Tauffest am Stefanstag zu einem spektakulären Ereignis. Hunderte meist junge Menschen stürzen sich trotz der winterlichen Kälte in das Wasser des Hafenbeckens und schwimmen bis zum jenseitigen Ufer.
26. Dezember

Unterwegs auf dem westlichen Mittelmeer

Tag für Tag steuert das Kreuzfahrtschiff auf seiner Fahrt über das Mittelmeer eine weitere Attraktion an. Luxuriöses Leben und einen Hauch der großen weiten Welt beschert Monaco (→ S. 65), das Fürstentum und Steuerparadies an der Côte d'Azur.

Das westliche Mittelmeer ist eine endlose Quelle der Vielfalt – kulturell wie auch landschaftlich. Pulsierende Städte kontrastieren mit einsamem Hinterland, Prunkarchitektur mit Traumstränden.

Spanien

Die Iberische Halbinsel lockt mit Kathedralen, Jugendstil, »Sonnenküste« und Inselidylle.

Viele der spanischen Städte muten wie riesige Freilichtmuseen an. Unzählige architektonische Meisterwerke verschiedener Epochen säumen die Straßen. Ein herausragendes Beispiel des spanischen Jugendstils ist die Casa Batlló (→ S. 41) des genialen Architekten Antoni Gaudí in Barcelona.

Orient und Okzident, Tradition und Moderne – jede Region auf der Iberischen Halbinsel hat ihren eigenen Reiz, ihre Besonderheiten und Spezialitäten. Barcelona beeindruckt mit Gaudís genialer Jugendstilarchitektur, Valencia, die Heimat der »Paella«, lockt mit moderner Architektur, und auf Mallorca, der Deutschen liebster Insel, warten unberührte Landschaften darauf, entdeckt zu werden.

Málaga

570 000 Einwohner

Málaga, einst eine Gründung der Phönizier und von ihnen Malaka genannt, ist Drehscheibe für Tourismus und Wirtschaft an der Costa del Sol, der »Sonnenküste« im Süden Spaniens. In der – leider vom Bürgerkrieg stark zerstörten – Altstadt finden Besucher einige interessante Museen, ein quirliges Treiben in der Markthalle und viele verstaubte, mehr der Vergangenheit als der Moderne verpflichtete Läden. Die Geburtsstadt des Künstlers Pablo Picasso bemüht sich, einen Ruf als Kulturmetropole zu erwerben.

Spaziergang

Der Erkundungsgang beginnt an der **Puente Tetuán**, führt weiter über die breite Flanierstraße **Alameda Principal** bis zur **Estatua Marqués de Larios**. Hier biegt man links in die belebte Einkaufsstraße **Marqués de Larios** ein, folgt ihr bis fast zur **Plaza de la Constitución**, wo man rechts auf die **Calle M. Monroy** trifft und schließlich über die **Calle Salinas** zur Kathedrale gelangt. Nach der Besichtigung geht man die **Calle Cister** bis zur **Calle Alcazabilla**, hier biegt man nach links ab und erreicht schließlich den Weg, der durch Gartenanlagen hinauf zur berühmten **Alcazaba** führt. Von hier bietet sich ein herrlicher Blick über die Stadt und die weitläufig angelegten Hafenanlagen.

Sehenswertes

Alcazaba

Die Anfänge der Burg gehen bis auf die Römerzeit zurück. Ab dem 14. Jh. wurde die Anlage erweitert. Heute zählen zur Burganlage auch das **Archäologische Museum** und die Reste eines **römischen Theaters**. Nahebei befindet sich der 130 m hohe **Gibralfaro**. Berg des Leuchtturms lautete der arabische Name für diesen Berg, wo wohl schon zu phönizischer Zeit ein Leuchtturm stand.

Di–So 9.30–20 (Winter 9.30–18 Uhr); So ab 14 Uhr; Eintritt frei, sonst 1,80 €

Catedral

Der wuchtige Kirchenbau steht an der Stelle einer maurischen Moschee. 1528 begann man mit der Errichtung der Kirche, 1588 wurde sie geweiht. Der dreischiffige Kirchenbau ist 115 m lang und 52 m hoch. Sehenswert ist das hölzerne Chorgestühl aus dem 17. Jh. sowie das **Museo Catedralicio**.

Molina Lario s/n; Mo–Sa 10–13 und 16–19 Uhr; Eintritt 3 €

Museen

Casa Natal de Picasso

Dies ist das Geburtshaus des weltberühmten Malers, der hier am 25. Oktober 1881 zur Welt kam. Zu sehen sind Skizzen, Keramiken und andere Werke Picassos.

Plaza de la Merced 15; Mo–Sa 11–14 und 17–20, So 11–14 Uhr; Eintritt frei

Centro de Arte Contemporáneo de Málaga

Malagas Museum für zeitgenössische Kunst umfasst rund 2400 qm Ausstellungsfläche, untergebracht im ehemaligen Gebäude des Großmarkts. Ausgestellt sind rund 400 Arbeiten spanischer und internationaler Künstler aus den letzten 50 Jahren sowie Werke aktueller Gegenwartskunst.

Calle Alemania s/n; www.cacmalaga.org; Di–So 10–20, im Sommer Di–So 10–14 und 17–20 Uhr, 25. Dez. und 1. Jan. geschl.; Eintritt frei

MERIAN-Tipp

1 Museo Picasso

Seit 2003 sind im Palacio de Buenavista, einem andalusischen Palast aus dem 16. Jh., mehr als 200 Ölgemälde, Skulpturen, Zeichnungen, Stiche und Keramiken Picassos zu sehen. Die Werke wurden von den Erben Christine und Bernard Ruiz-Picasso zur Verfügung gestellt. Gelegentlich Wechselausstellungen. Vorbestellung der Eintrittskarten ratsam.

Calle San Agustín 8 (Palacio de Buenavista); www.museopicassomalaga.org; Eintrittskarten unter Tel. 9 01 24 62 46 oder 9 02 44 33 77; Di–Do 10–20, Fr, Sa 10–21, So, Fei 10–20 Uhr, 25. Dez. und 1. Jan. geschl.; Eintritt 6 €

Essen und Trinken

Antonio Martín
Traditionslokal aus dem Gründerjahr 1886. Nach der Neueröffnung hat sich das ehemals bürgerlich-gemütlich geprägte Restaurant einen luxuriösen Anstrich gegeben. Traditionelle andalusische Gerichte, da und dort modern verfeinert.
Plaza de la Malagueta; Tel. 9 52 22 73 98 und 9 52 22 73 82 (Reservierung empfohlen) ●●

El Refectorium
Das kleine, nahe der Stierkampfarena gelegene Lokal pflegt eine Küche mit gehobenem kulinarischen Anspruch. Die Zutaten sind erstklassig, es gibt vor allem Fisch und Meeresfrüchte, aber auch deftige Fleischgerichte.
Calle Cervantes 8; Tel. 9 52 21 89 90; So und in der 2. Junihälfte geschl. ●●

Antigua Casa de Guardia
Diese älteste Bodega der Stadt besteht seit 1840. Noch heute werden hier direkt an der Alameda Principal in einem sehr urigen Ambiente vor allem Málaga-Weine direkt aus dem Fass ausgeschenkt. Rund 20 mehr oder weniger gereifte Weine können an der Theke verkostet werden.
Alameda Principal 18; Tel. 9 52 21 46 80 ●

Einkaufen

Mercado Central
In der sehenswerten alten Markthalle findet man ein üppiges Angebot an Obst, Gemüse, Fleisch, Fisch, Gewürzen, Axarquía-Rosinen und anderen Leckereien.
Calle Atarazanas

Ultramarinos Zoilo
Kleiner Delikatessenladen im traditionellen Stil. Hier sind Käse, Schinken, Málaga-Weine, Süßwaren und andere Erzeugnisse aus Málaga erhältlich.
Calle Granada 65

Service

Auskunft
Fremdenverkehrsbüro
Pasaje de Chinitas 4; Tel. 9 52 21 34 45; www.malagaturismo.com

Ausflüge

El Torcal Antequera

Eine einzigartige, bizarr zerklüftete Karstlandschaft befindet sich rund 10 km südlich der Stadt Antequera. **El Torcal de Antequera** heißt dieses inzwischen als Naturschutzgebiet ausgewiesene Gebirge, wo Wind, Hitze, Wasser und Kälte im Laufe der Jahrtausende ein beeindruckendes Ensemble von Felsenskulpturen geschaffen haben. Vielerlei Orchideen und Greifvögel sind hier heimisch. Kühne Felsennasen und scharf abgeschliffene Kalksteinsockel ragen hervor. Im Herbst und Winter ziehen hier Nebel durch und verhüllen auf gespenstische Weise diese wilde, urwüchsige Felsenlandschaft, die unbedingt einen Abstecher lohnt.
40 km nördl. von Málaga

Marbella

99 000 Einwohner

Der mondäne Urlaubsort mit den Nobelvillen ist ein beliebter Treff des Jetset. Etwas vom andalusischen Flair hat in der am Hang gelegenen Altstadt von Marbella überdauert. 10 km westlich liegt der Sporthafen **Puerto Banús** mit zahlreichen Edelboutiquen.
55 km südwestl. von Málaga

Essen und Trinken

Taberna del Alabardero
Die kulinarische Nr. 1 weit und breit. Exzellente baskisch inspirierte Meeresfrüchte- und Fischgerichte.
Urbanización Fuente del Espanto s/u, Carretera de Ronda, km 167, Benaharis; Tel. 9 52 81 27 94 ●●●

Ronda

35 000 Einwohner

Ronda hat sich trotz allen Andrangs seine Identität als andalusische Gebirgsstadt bewahrt. Größte Attraktion von Ronda ist die spektakuläre Lage zu beiden Seiten der grandiosen, bis zu 200 m tiefen Tajo-Schlucht, die der Río Guadalevín durchfließt. 1911/12 verbrachte der deutsche Dichter Rainer Maria Rilke hier einige Winterwochen und pries die »unvergleichliche Erscheinung der auf zwei steilen Felsmassen hingehäuften Stadt«. Ronda gilt als Wiege des spanischen Stierkampfes. Umgeben ist die Stadt von der **Serranía de Ronda**, einem wilden, dünn besiedelten Bergland, mit reizvollen Dörfern, Wäldern und viel ländlicher Ursprünglichkeit.
100 km westl. von Málaga

Museum

Stierkampfmuseum
Untergebracht in einem Gebäude der berühmten Stierkampfarena, die aus dem Jahr 1784 stammt.
Plaza de Toros de la Real Maestranza de España; tgl. außer an Tagen des Stierkampfs 10–19 Uhr; Eintritt 5 €

Essen und Trinken

Don Miguel
Ansässig in einem der »hängenden« Häuser oberhalb der Tajo-Schlucht. Herrlicher Blick. Lokale Spezialitäten.
Villanueva 4; Tel. 9 52 87 10 90; tgl. geöffnet ●●

Málaga, die Geburtsstadt Pablo Picassos, huldigt ihrem berühmten Sohn mit einem Museum (→ MERIAN-Tipp, S. 34), das sie im Palacio de Buenavista einrichtete.

Valencia

850 000 Einwohner
Stadtplan → S. 136/137

Glücklicherweise wurde Valencia bislang weder vom Massentourismus noch von der Schickeria erobert. In den schmalen Einkaufs- und Wohnstraßen der Innenstadt spürt man noch das Flair des »alten« Spaniens. Dennoch gibt sich Valencia auch modern. Szene-Restaurants und Designer-Bars zählen hier ebenso zum Stadtbild wie in jeder europäischen Metropole. Vor allem aber manifestiert sich das dritte Jahrtausend im futuristischen Kunst- und Wissenschaftskomplex im Süden der Stadt.

Spaziergang

Von der Südseite der **Plaça de la Reina** gelangt man durch den lebhaften Carrer de Sant Vicent Màrtir und die schräg links abzweigende Straße **Plaça de Ajuntament** zum Rathausplatz. Dieser ist als Park angelegt, ein Springbrunnen spendet kühles Nass. Blumenhändler bieten ihre Ware feil. Vom Rathausplatz schlägt man den Carrer d'En Llop in westlicher Richtung ein und geht über den Carrer de Sant Vicent Màrtir geradeaus hinweg. Rechts biegt man ein in den Carrer Mùsic Peydró. Korbmöbel, aber auch anderes Mobiliar werden hier verkauft. Dann trifft man auf den Carrer Palafox, der im spitzen Winkel links am Jugendstilgebäude einer Sparkasse vorbei zum **Mercado Central** führt. Nach Durchqueren der Markthalle verlässt man sie bei der Fischabteilung. Weiter geht es nach rechts. Gegenüber erhebt sich die **Lonja**. Die ehemalige Seidenbörse wurde wie eine katalanische Hallenkirche gebaut. Die schlanken, gedrehten Säulen erinnern an Palmen und enden wie diese in einem Schopf aus »Wedeln« im Deckengewölbe. Als einziges Monument Valencias wurde die Lonja de la Seda von der UNESCO zum Welterbe der Menschheit erklärt. An ihr geht man links vorbei durch die Calle Cordellats zur Plaza Compañía und weiter durch die schmale Calle de la Cenia, in der es noch altertümliche schmiedeeiserne Straßenlaternen gibt. So gelangt man in das Gewirr der Altstadtgassen. Hier geht es links durch die Calle de la Estameñería Vieja, die in die Calle de la Purisma übergeht. An einem bunten Flie-

Valencia auf dem Weg ins dritte Jahrtausend: Die futuristische Ciutat de les Arts i les Ciències ist ein Entwurf des spanischen Stararchitekten Santiago Calatrava.

senbild, das einen Bischof bei einer Taufe zeigt, rechts abbiegen und weiter durch die Calle Correjería. An einigen Antiquitätenhandlungen vorbei hält man auf die **Plaça de la Virgen** zu, den Platz hinter der Kathedrale, wo in einem Springbrunnen die allegorische Bronzefigur des Flussgottes Túria ruht. Dieser Platz ist der Treffpunkt schlechthin, vor allem für Studenten. Straßencafés laden zur Rast ein. Anschließend gelangt man durch die Calle de Micalet zurück zur Plaça de la Reina. Oder man lässt sich durch die nordöstlich angrenzenden Gassen mit den schönen Stadtpalästen treiben.

Sehenswertes

Catedral → S. 136/137, C/D 2

Die Kathedrale wurde im 13. Jh. über den Resten einer arabischen Moschee errichtet und mehrfach umgebaut. Stilrein blieb der gotische Turm El Micalet, das Wahrzeichen von Valencia. Vor dem »Apostelportal« an der Plaza de la Virgen tagt seit dem Mittelalter jeden Donnerstag um 12 Uhr das Wassergericht (»Tribunal de las Aguas«), um Streitigkeiten um die Bewässerung in der Huerta von Valencia zu schlichten. Heute ist es nur noch Touristenattraktion. Im Inneren der Kathedrale wird im ehemaligen Kapitelsaal (14. Jh.) der »Cáliz« aufbewahrt, ein Kelch, den Jesus beim letzten Abendmahl benutzt haben soll und der auch als »Santo Grial« (»Heiliger Gral«) bezeichnet wird.

Pl. de la Reina; U-Bahn: Pont de Fusta;
www.catedraldevalencia.es;
Mo–Fr 10–18.30, Sa 10–17.30,
So 14–17.30 Uhr; Eintritt 3 €

Ciutat de les Arts i les Ciències (CAC) → S. 137, südöstl. F 4

Valencias Aushängeschild ist die futuristische Kunst- und Wissenschaftsstadt Ciutat de les Arts i les Ciències, ein 2 km langer Park mit Wasserflächen und Grünanlagen, in den fünf Meisterwerke des spanischen Stararchitekten Santiago Calatrava eingebettet sind. L'Umbracle (»das Schattenhaus«), unter dessen eleganten Bögen Palmen gedeihen, dient als Eingangspromenade in die Ciutat, solange die Agora, eine schmetterlingsförmige Halle, noch nicht fertiggestellt ist. Auch der Palau de les Arts, Valencias neues Opernhaus, gleicht einem gewaltigen Insekt. Das Museu de les Ciències Príncipe Felipe, ein Wissenschaftsmuseum, erinnert von außen an das Skelett eines riesigen Tieres. Innen zeigt es Ausstellungen zu Themen wie Biologie, Ökologie, Astronomie oder Kommunikationswissenschaften. Nicht Calatrava, sondern Félix Candela entwarf den Publikumsmagneten L'Oceanogràfic, einen gigantischen Meerwasserzoo, der in Aquarien Meerestiere verschiedener Klimazonen vom Eismeer bis zu den tropischen Ozeanen zeigt, aber auch Delfine, Seelöwen, Pinguine und andere Seevögel.

Av. del Saler; U-Bahn: Alameda;
Tel. 902 10 00 31; www.cac.es;
Museu de les Ciències Príncipe Felipe:
Juli–Mitte Sept. tgl. 10–21, sonst tgl. 10–19 Uhr; L'Hemisfèric: tgl. 10–19 Uhr;
L'Oceanogràfic: tgl. 10–20 Uhr;
Eintritt Museum oder Hemisfèric 7,50 €, Kinder bis 12 Jahre 5,80 €, Oceanogràfic 23,90 €, Kinder 18 €, Conjunta (gültig für den gesamten Komplex und für bis zu 3 Tage) 31,60 €, Kinder 24 €

Estación del Norte → S. 136, C 4

Um die Wende vom 19. zum 20. Jh. erfuhr Valencia ein starkes Bevölkerungswachstum. Zugleich wuchs der Wohlstand des Bürgertums, das überall in der Stadt Wohn- und Geschäftshäuser im zeitgemäßen Stil des Modernisme errichtete, der katalanischen Variante des Jugendstils. Ein schönes Beispiel für diese Stilrichtung ist der »Nordbahnhof«, 1917 erbaut, seinem Namen zum Trotz am Südrand der damaligen Stadt gelegen. Stolz ließen die Ratsherren gleich in mehrfacher Ausführung das

Wappen Valencias an der repräsentativen Estación del Norte anbringen. Im Inneren ist die Bahnhofshalle reich mit bunten Fliesen aus Werkstätten in Valencias Vorort Manises dekoriert. Sie bilden die landwirtschaftlichen Güter der Umgebung ab, mit denen die Exporthäuser in der Stadt ihr Geld verdienten: Orangen und Safran.

C. Xàtiva; U-Bahn: Xàtiva

Jardines de Monforte → S. 137, F 2

Eine der schönsten und beschaulichsten Gartenanlagen Valencias sind die Jardines de Monforte. Zwei Gartenteile sind im klassizistischen Stil nach französischem Vorbild gestaltet, mit symmetrischen Achsen, Formgehölzen, Springbrunnen und Statuetten. Eine dritte Zone, der »Bosquete« (Wäldchen), wirkt fast naturbelassen, dem englischen Landschaftsgartenstil der Romantik entsprechend. Auch ein gepflegter Rosengarten und eine von üppigen Kletterpflanzen überwucherte Galerie fehlen nicht.

Pl. de la Legión Española; U-Bahn: Facultats; Ende März–Ende Sept. tgl. 10.30–20, sonst nur bis 18 Uhr; Eintritt frei

Monasterio de San Miguel de los Reyes → S. 137, nördl. F 1

In seiner Monumentalarchitektur erinnert das ehemalige Hieronymitenkloster an den Escorial, den Königspalast bei Madrid. Ab dem Jahre 1545 wurde es, damals eine halbe Tagesreise vom Stadtzentrum entfernt, in der Huerta nördlich von Valencia angelegt. Beachtung verdient vor allem die von zwei Türmen flankierte Renaissancefassade der Kirche (17. Jh.). Deren Querschiff überwölbt eine ausnehmend schöne blaue Kuppel. Seit 1985 beherbergt das Kloster die Bibliotheca Valenciana, deren Aufgabe es ist, Schrifttum in valencianischer Sprache zu sammeln.

U-Bahn: Sant Miquel dels Reis; Mo–Fr 9–20.30, Sa 9–13.30, Sa und So Führungen um 12 und 13 Uhr; Eintritt frei

Puente de la Exposición → S. 137, F 3

Die futuristische Brücke, ein Entwurf des Stararchitekten Santiago Calatrava, erhielt wegen ihrer ungewöhnlichen Form von den Valencianern den Spitznamen »La Peineta« (der Kamm). Mit nur einem 14 m hohen Bogen überspannt die Stahlkonstruktion den Ríu Túria.

U-Bahn: Alameda

Torres de Serranos → S. 136, C 1

Von der mächtigen Stadtmauer Valencias blieb dieses beeindruckende Nordtor erhalten. Im 14. Jh. wurde einer der besten damaligen Baumeister, Pere Balaguer, damit beauftragt den wichtigsten Eingang in die Stadt zu sichern. Dabei orientierte er sich am Vorbild der südfranzösischen Festungsstadt Carcassonne. Zwei fünfeckige Türme flankieren einen Durchlass, der gerade eben groß genug war, um einen Reiter oder einen Wagen hindurchzulassen. Vom 16. Jh. bis 1887 dienten die Türme als Gefängnis für adelige Straftäter. Heute dürfen Besucher bis auf die oberen Plattformen steigen, wo sich ein schöner Blick über die Stadt bietet.

Plaza Fueros; U-Bahn: Pont de Fusta; Di–Sa 10.30–14 und 16.30–20.30, So 10–15 Uhr, Mo geschl.; Eintritt 2 €, Sa und So Eintritt frei

Museen

Museo de Bellas Artes → S. 137, E 1

Eine der größten und bedeutendsten Gemäldesammlungen Spaniens. Neben valencianischen Malern findet man auch Werke von El Greco, Goya und Velázquez.

C. San Pio V 9; U-Bahn: Pont de Fusta; www.cult.gva.es/mbav; Di–So 10–20 Uhr; Eintritt frei

Museo del Patriarca → S. 137, D 3

Ein wuchtiges Priesterseminar von 1583, das Real Colegio del Corpus Christi, bildet einen angemessen

Wehrhafte Relikte: Von der einstigen Stadtmauer Valencias haben sich zwei mächtige Türme, Torres de Serranos, erhalten, die den nördlichen Zugang zur Stadt flankierten.

ehrwürdigen Rahmen für das hochkarätige Kunstmuseum. Seine Räume gruppieren sich um einen Renaissance-Kreuzgang. Die ausgestellten Werke repräsentieren das 16. und 17. Jh. Herausragend sind mehrere Gemälde von El Greco sowie einige Beispiele für flämische Malerei.
C. de la Nave 1; U-Bahn: Colón;
tgl. 11–13.30 Uhr; Eintritt 1,50 €

Essen und Trinken

Ca'Santo S. 137, östl. F 4
Gilt als derzeit bestes Restaurant Valencias. Das Lokal im Hafenviertel blickt auf eine lange Tradition zurück, doch zeigt sich die Küche offen für neue Einflüsse und bietet Fangfrisches aus dem Meer, das hier aufs Feinste zubereitet wird. Reservierung ist unbedingt erforderlich.
C. Méndez Núñez 17; U-Bahn: Francisco Cubells; Tel. 963 30 17 75; So, Mo, Osterwoche und im Aug. geschl. ●●●●

Ben Fet S. 136, C 2
Restaurant der Hotel- und Tourismusschule von Valencia. Hier werden hervorragender Service und klassische Küche der Region mit Schwerpunkt auf Reisgerichten geboten. Auch auf Innovationen wird Wert gelegt.
C. Correjería 28; U-Bahn: Pont de Fusta;
Tel. 963 15 52 50; www.ehtvalencia.com;
nur abends geöffnet ●●●

El Timonel S. 137, D 4
Eines der renommiertesten Restaurants von Valencia, noch ein echtes Familienunternehmen. Viel Fisch.
C. Félix Pizcueta 13; U-Bahn: Xátiva;
Tel. 963 52 63 00; www.eltimonel.com;
Mo geschl. ●●

Einkaufen

La Querencia S. 136, C 4
Gut bestückte Weinhandlung zwischen Tradition und Moderne. Natürlich sind auch die einheimischen Tropfen der D.O. Valencia und D.O. Utiel-Requena vertreten.
C. del Pelayo 32; U-Bahn: Xátiva;
Tel. 9 63 36 00 99; www.la-querencia.com

Service

Auskunft

Tourist Info Valencia-Reina
S. 136, C 2
Pl. de la Reina 19; Tel. 963 15 39 31;
www.turisvalencia.es

Barcelona

1 640 000 Einwohner
Stadtplan → S. 138/139

Um die Jahrhundertwende war Barcelona das Zentrum des »Modernisme«, des katalanischen Jugendstils. Der geniale Antoni Gaudí sowie seine Kollegen Lluís Domènech i Montaner und Josep Puig i Cadafalch verliehen ihr ein neues und aufregendes Gesicht. Und auch heute ist Barcelona immer wieder aufregend – denn die Stadt, die sich täglich neu erfindet, gehört sicherlich zu den spannendsten Metropolen der Welt.

Spaziergang

Der Rundgang beginnt nahe dem **Monument a Colom** an der Plaça Portal de la Pau, dort nehmen die **Ramblas**, die prominente Flaniermeile der Stadt, ihren Anfang. Der Weg auf diesem Boulevard führt mit leichter Steigung aufwärts in Richtung **Plaça de Catalunya**. Sehenswürdigkeiten unterwegs sind die rechts, nahe der Ramblas liegende **Plaça Reial** mit ihren stilvollen Arkaden, dann weiter links der große Wochenmarkt **Mercat de la Boquería** (So geschl.), der Palau de la Virreina aus dem 17. Jh. und die Kirche Església Betlem. An der Plaça de Catalunya überquert man diagonal den Platz und biegt in den breiten **Passeig de Gràcia** ein. Bei Nr. 41 erreicht man die **Casa Amatller** und die **Casa Batlló** (Nr. 43), wunderbare Beispiele für die fantasievolle Gestaltungskraft des katalanischen Jugendstils. Man kehrt auf der anderen Seite des Passeig de Gràcia zur Plaça de Catalunya zurück und folgt der Avinguda Portal de l'Àngel durch das Einkaufsviertel bis zur Plaça Nova und der Kathedrale **Santa Eulàlia**. Nach ihrem Besuch geht man über die Carrer del Bisbe bis zur Plaça Sant Jaume, dem bedeutendsten Platz im **Barri Gòtic**. Gesäumt wird dieser Platz vom Palau de la Generalitat, dem Sitz der katalanischen Regierung, und dem Ajuntament de Barcelona, dem Rathaus der Stadt. Von der Plaça Sant Jaume biegt die Carrer Llibreteria ab, sie führt zum **Museu d'Història de la Ciutat**, dem Stadtmuseum, an der Plaça del Rei. Über die Plaça de l'Àngel, dann weiter über die Carrer de la Princesa, schließlich rechts in die Carrer de Montcada einbiegend, erreicht man dort bei der Nr. 15 das berühmte **Museu Picasso**. Nach dessen Besuch führt der Weg durch die Carrer Montcada zur schönen gotischen Kirche **Sta. María del Mar**. Von dort geht es zurück zu den Ramblas.

Sehenswertes

L'Aquarium → S. 139, E 4

Diese Schau von rund 10 000 Lebewesen aus allen Weltmeeren gilt als wichtigste im gesamten Mittelmeerraum. Gezeigt werden Fische und andere Meeresbewohner im Kontext ihrer unterschiedlichen Biotope. Bedeutendste Attraktion ist ein großes Becken mit mehreren imposanten Haifischen, das die Besucher durch einen 80 m langen Tunnel aus durchsichtigem Acryl unterqueren können.

Moll d'Espanya (im modernisierten Port Vell); Metro: Drassanes; Tel. 9 32 21 74 74; www.aquariumbcn.com; Mo–Fr 9.30–21, Sa, So, Fei bis 21.30 Uhr; Eintritt Erwachsene 16,50 €, Kinder unter 12 Jahren 11,50 €

Barceloneta → S. 139, F 4

Im bürgerlichen Viertel Barceloneta zeigt sich Barcelona von seiner volkstümlichen Seite. Die Wohnverhältnisse sind schlicht, der Zusammenhalt der Nachbarn umso enger und herzlicher. Hier gibt es zahlreiche kleine Kramerläden, Bars, Wirtschaften und Tavernen mit einem deutlich geringeren Preisniveau als in den feinen Bürgervierteln. Von großem Erlebenswert ist werktags das Treiben in der Markthalle (Mercat Barceloneta) im Zentrum des Viertels.

Metro: Barceloneta

Grandiose Formensprache: Die Kirche Sagrada Família (→ S. 43) ist ein Geniestreich des Architekten Antoni Gaudí. An der Ostfassade ist die Heilige Familie dargestellt.

Barri Gòtic → S. 139, E 2/3

Das Gotische Viertel mit seinen zahlreichen Monumentalbauten aus dem 13. bis 15. Jh. konzentriert sich vornehmlich auf das Areal innerhalb der ehemaligen Stadtmauer. Überdauert haben hier nicht nur gotische Gebäude, sondern auch Bauwerke aus anderen Stilepochen. Im Zentrum liegt die **Plaça Sant Jaume**, flankiert vom **Palau de la Generalitat**, dem Sitz der Regionalregierung, und dem Gebäude des **Ajuntament** (Rathaus) mit seiner neoklassizistischen Fassade.

Metro: Jaume I

Casa Batlló → S. 139, E 1

Die Casa Batlló zählt zu den größten Meisterwerken von Antoni Gaudí. Der geniale katalanische Architekt befasste sich im Auftrag des Textilfabrikanten Josep Batlló i Casanovas zwischen 1905 und 1907 mit dem Umbau und der Neugestaltung des Gebäudes. Das fantastische Resultat: ein Dach, das Assoziationen mit dem grünbunten Schuppenpanzer eines Drachen wachruft, seltsame, venezianischen Karnevalsmasken gleichende Balkone, schwellende Formen und eine geschuppte Fassade.

Pg. de Gràcia 43; Metro: Pg. de Gràcia; www.casabatllo.es; tgl. 9–20 Uhr; Eintritt inkl. Audioguide 16,50 €

Casa Milà (La Pedrera) → S. 139, nördl. E 1

Auch das zwischen 1906 und 1910 von Antoni Gaudí für seinen Freund Pere Milà geschaffene Wohnhaus am noblen Passeig de Gràcia spiegelt die Genialität des großen katalanischen Architekten wider. Das Wohnhaus gleicht mehr einer gigantischen Skulptur als einem Nutzgebäude. Die originelle wellenförmige Steinfassade erinnerte die seinerzeit reichlich verblüfften Barcelonesen an einen stilisierten Steinbruch, daher gaben sie dem Haus den Namen La Pedrera. Im Dachgeschoss informiert der »Espai Gaudí« ausführlich und multimedial über das Lebenswerk des großen Meisters. Dort hat der Besucher Zugang zu den originellen Dachterrassen. Auch eine im originalen Stil eingerichtete Wohnung kann besichtigt werden.

Pg. de Gràcia 92/Provença 261–265; Metro: Diagonal; www.lapedreraeducacio.org; tgl. 9–18.30, im Sommer bis 20 Uhr; Eintritt 8 €

Castell de Montjuïc S. 138, A 4

Der Besuch dieser hoch über der Innenstadt gelegenen Festung lohnt schon allein wegen der grandiosen Blicke, die man von hier aus genießen kann. Das eigentliche Kastell mit seinen Verteidigungsanlagen entstand Mitte des 17. Jh. in der Regierungszeit Felipes IV. und wurde später mehrmals erweitert.

Castell de Montjuïc, Metro: Espanya (von hier auf einem längeren Spaziergang erreichbar); www.castillomontjuic.com; per Funicular Verbindung zur Av. del Paral.lel

Catedral de Santa Eulàlia S. 139, E 3

Zu den größten Kostbarkeiten der Hauptkirche Barcelonas zählen der Chor mit seinem höchst kunstvoll geschnitzten Chorgestühl, die vier szenischen Marmorreliefs auf der Rückseite des Chors (»Trascoro«), dann in einer Kapelle des südlichen Seitenschiffs der berühmte Christus von Lepanto, eine eindrucksvoll gearbeitete hölzerne Christusfigur, die im Jahr 1571 beim Sieg gegen die türkische Flotte in der Seeschlacht von Lepanto das Kommandoschiff zierte. Sehenswert ist auch der Kreuzgang.

Pl. de la Seu; Metro: Jaume I

Mirador de Colom S. 139, D 4

Zur Seeseite hin steht am Ende der Ramblas die Kolumbus-Säule (Monument a Colom), ein weiteres Wahrzeichen Barcelonas. Wer zur 60 m hoch gelegenen Aussichtsplattform hinaufsteigt, genießt von dort einen interessanten Blick auf das Hafengelände und die Altstadt.

Monument a Colom; Metro: Drassanes; Juni–Sept. tgl. 9–20.30, Okt.–Mai tgl. 10–18.30 Uhr; Eintritt 2,50 €

Parc Güell S. 139, nördl. E 1

Der von Antoni Gaudí konzipierte Park wurde zwischenzeitlich von der UNESCO in die Liste der zu schützenden Kulturgüter aufgenommen. Er liegt außerhalb des Zentrums, ist aber mit der Metro einfach zu erreichen und zählt zu den herausragenden und originellen Sehenswürdigkeiten der Stadt. Zu den auffälligsten Konstruktionen zählen das Pförtnerhaus am Eingang zur Parkanlage und der farbige Drache Python, der griechischen Sage nach der Wächter der unterirdischen Gewässer. Zudem eine eigentümliche Säulenhalle und – ein Höchstmaß an Ästhetik und Originalität – eine knallbunte, lang geschwungene Mauerbank.

C. d'Olot s/n; Metro: Vallcarca, aus der Innenstadt: Buslinie 24

Plaça Reial S. 139, D 3

Der palmengesäumte, von schönen Arkaden und pompös verzierten Häuserfassaden im neoklassischen Stil eingefasste Platz zählt zu den würdevollsten Orten im Zentrum der Stadt. Rings um den Platz befinden sich Terrassenrestaurants, Cafés, Bars und Pensionen. In Sommernächten wird der Ort zum beliebten Treffpunkt der Jugendlichen Barcelonas.

Metro: Liceu

Port Olímpic S. 139, östl. F 4

Das gesamte, nahe den Stränden gelegene Viertel ist ein schickes Revier für die Freizeitbedürfnisse gut betuchter Kreise, die sich hier vor allem an warmen Sommerabenden gerne einfinden.

Pg. Marítim de la Barceloneta; Metro: Ciutadella-Vila Olímpica

Port Vell/Moll d'Espanya S. 139, E 4

Die 100 000 qm große Moll d'Espanya, Teil des alten Hafens, ist ein Unterhaltungs-, Freizeit- und Einkaufszentrum, das man über einen 330 m langen Holzsteg (Rambla de Mar) erreicht. Zu den herausragenden Attraktionen zählen neben dem berühmten Aquarium das eigentliche Maremágnum, ein riesiges Freizeit- und Einkaufszentrum.

Metro: Drassanes

Las Ramblas S. 139, E 2–D 4
Die stets bevölkerte, fast 1,4 km lange Promenade führt durch das Herz der Innenstadt. Der von Bäumen gesäumte, rechts und links von verkehrsreichen Straßen eingefasste Boulevard verbindet die Plaça de Catalunya mit der Plaça Portal de la Pau (Kolumbus-Statue). Oft hört man auch den Namen La Rambla, korrekter ist aber Las Ramblas (oder auf Katalanisch Les Rambles), denn zum Flanierboulevard zählen mehrere Abschnitte – Rambla de Canaletes, Rambla dels Ocells, Rambla de les Flors und Rambla de Santa Mònica.

Der Name Rambla bezeichnet im Spanischen ein ausgetrocknetes Flussbett, das hier im 13. Jh. existierte. Seit dem 18. Jh. nehmen die Ramblas den Rang einer Flanier-, Einkaufs- und Prachtstraße ein. Die Ramblas werden vor allem im Sommer zur Bühne von Akrobaten, Mimen, Gauklern und Straßenmusikanten. Zu beiden Seiten der Promenade liegen zahlreiche Cafés und Läden, Hotels, Souvenirgeschäfte, Fast-Food-Lokale und Vergnügungsstätten.

Metro: Catalunya, Liceu oder Drassanes

Sagrada Família S. 139, östl. F 1
Als eine »Predigt aus Stein« bezeichnete Antoni Gaudí einst den von ihm konzipierten Sühnetempel, der heute alljährlich von Hunderttausenden besucht wird und zu einem weltbekannten Wahrzeichen Barcelonas geworden ist. Das der Heiligen Familie geweihte und bis zum heutigen Tag aus Spenden finanzierte Bauwerk gilt – obwohl auch andere Baumeister und Bildhauer beteiligt waren – als Lebenswerk des tiefreligiösen Stararchitekten Gaudí. 2

1882 begannen die Bauarbeiten, 1883 übernahm Gaudí die Bauleitung, die er bis zu seinem Tod 1926 innehatte. In diesen Jahren wurden unter anderem Teile der neogotischen Krypta, die Ostfassade (mit der Darstellung der Geburt Christi) und die Apsis fertiggestellt. Die heutigen, maßgeblich von dem Bildhauer Josep María Subirachs geleiteten Fortsetzungsarbeiten basieren auf der Interpretation von Antoni Gaudís expressionistischem Symbolismus.

Zu den bedeutendsten Elementen der Sagrada Família zählen die markanten Türme, die über eine Wen-

Flaniermeile, Einkaufspromenade, Laufsteg – die 1,4 Kilometer langen Ramblas werden von Blumenständen, Cafés und geschäftigen Händlern flankiert.

deltreppe bestiegen werden können (nur für Schwindelfreie geeignet), die wundervolle Geburts- oder auch Weihnachtsfassade (mit flügellosen Engeln) und die erst vor wenigen Jahren fertiggestellte Leidensfassade. Alle Eintrittsgelder und Spenden fließen der Weiterführung dieses grandiosen Kirchenbaus zu.

Pl. de la Sagrada Família; Metro: Sagrada Família; www.sagradafamilia.org; Okt.–März tgl. 9–18, April–Sept. tgl. 9–20 Uhr; Eintritt 10€, Turmlift 2,50€, empfehlenswerte Audiotour 4€

Museen

Centre de Cultura Contemporània de Barcelona (CCCB) S. 139, D 2

Das Museum entstand durch die architektonisch sehr gelungene Überbauung eines historischen Klosterhofs und der angeschlossenen Gebäude. Auf enorm großer Fläche widmet sich die Ausstellung der zeitgenössischen Kunst und Kultur und betont insbesondere die Aspekte Innovation, Experiment und Avantgarde in den Bereichen darstellende Kunst, Musik, Film oder auch Tanz. Es werden auch Sonderausstellungen gezeigt. Für Freunde zeitgenössischer Kunst unbedingt ein Gewinn.

C. Montalegre 5; Metro: Catalunya; www.cccb.org; Di–So 11–20, Do bis 22 Uhr; Eintritt 4,50–6€

Fundació Joan Miró S. 138, A 3

Die Fundacío ist Sitz und Ausstellungsgebäude der 1971 von Joan Miró gegründeten Kunststiftung. Schon das von Josep Lluís Sert geschaffene und in Juni 1975 eingeweihte Gebäude ist sehenswert. Die Kollektion der Werke von Joan Miró umfasst mehr als 300 Gemälde und Zeichnungen aus der Zeit zwischen 1917 und den Siebzigerjahren, zudem 150 Skulpturen. Für Miró-Verehrer ein Muss.

Parc de Montjuïc; Bus 50 oder Metro: Paral.lel; www.bcn.fjmiro.es; Di–Sa 10–19, Do bis 21.30, So, Fei 10–14.30 Uhr; Eintritt 8€

Museu d'Art Contemporani de Barcelona (MACBA) S. 139,D 2

Dieses avantgardistische Museum bietet der zeitgenössischen Kunst gebührenden Raum. Das Gebäude stammt vom amerikanischen Stararchitekten Richard Meier. Ausgestellt sind Werke von Künstlern wie Calder, Tàpies, Pistoletto oder Boltanski.

Pl. dels Àngels 1; Metro: Catalunya oder Liceu; www.macba.es; Mo, Mi–Fr 11–20, Sa 10–20, So, Fei 10–15 Uhr, Di geschl.; Eintritt 7,50€

Museu Nacional d'Art de Catalunya (MNAC) S. 138, A 3

Das Museum nennt allein 270 Werke aus der Romanik und etwa 300 aus der Gotik sein Eigen. Eine auf der ganzen Welt konkurrenzlose Sehenswürdigkeit sind die eindringlichen und farbenprächtigen romanischen Freskenmalereien. Sie stammen aus den Apsiden von 29 bedeutenden romanischen Kirchen der katalanischen Pyrenäen und konnten auf diese Weise vor den Zerstörungen durch den Spanischen Bürgerkrieg gerettet werden. Daneben zeigt das Museum sakrale Gegenstände, Holzskulpturen und Säulenkapitelle.

Palau Nacional; Parc de Montjuïc; Metro: Espanya; www.mnac.es; Di–Sa 10–19, So, Fei 10–14.30 Uhr; Eintritt 8,50€, 1. So im Monat frei

Museu Picasso S. 139, F 3

Das Museum zeigt Werke von Picasso und einigen seiner frühen Zeitgenossen in chronologischer Anordnung. Die Sammlung umfasst zahlreiche auch weniger bekannte Werke Picassos aus seinen frühen Jahren.

Unter den späten Werken ragt vor allem die »Meninas«-Sammlung von 1957 heraus, 23 Variationen zum »Meninas«-Gemälde von Velázquez, ein Geschenk des Künstlers.

C. de Montcada 15–23, Einlass Nr. 19; Metro: Jaume I; www.museupicasso.bcn.es; Di–So 10–20 Uhr; Eintritt 9€, 1. So im Monat frei

Essen und Trinken

La Vinya del Senyor S. 139, F 3
Vinothek bzw. Tapa-Lokal mit reichhaltigem Angebot an Weinen. Herzhafte Tapas und diverse Käsesorten. Keine Menüs bzw. kompletten Hauptgerichte. Günstige Lage gegenüber der Kirche Sta. María del Mar.
Pl. Santa María del Mar; Metro: Jaume I; Tel. 9 33 10 33 79; So, Fei geschl.
●● bis ●●●

Les Quinze Nits S. 139, D 3
Trend-Restaurant im Zentrum mit beeindruckendem Konzept: Einfache und erstaunlich niedrige Preise haben zur Folge, dass sich abends und am Wochenende Schlangen vor dem Lokal bilden. Nur wenn es freie Plätze gibt, werden Gäste eingelassen; keine Reservierungen. Es gibt viele katalanische Spezialitäten.
Pl. Reial 6; Metro: Liceu; Tel. 9 33 17 30 75; www.lesquinzenits.com; tgl. 13–15.45 und 20.30–23.30 Uhr ●●

Tapa Tapa S. 139, E 1
Beliebtes Restaurant bzw. Bar mit einem außergewöhnlich guten und umfassenden Angebot an Tapas. Von den Plätzen vor dem Gebäude hat man einen lohnenden Blick auf die berühmte Casa Batlló.
Pg. de Gràcia 44; Metro: Gràcia; Tel. 9 34 88 33 69; tgl. 8–1.30 Uhr ●●

Granja Viader S. 139, D 2
Einer der stilvollsten Vertreter der vom Zeitgeist bedrängten Gattung »granja« (Milchbar). Etwas versteckt in einer schmalen Gasse parallel zur Rambla. Klassisch mit Marmortischen und Keramikkacheln. Hier gibt es vielerlei verlockende, stets frische Milchprodukte, beispielsweise raffiniert gemixte Frucht-Milchgetränke, köstliche Sahne und Eis. Himmlisch: die »horchata« (Erdmandelmilch) und der hausgemachte Käsekuchen.
C. d'En Xuclà 4–6; Metro: Liceu oder Catalunya; Tel. 9 33 17 10 17; So, Fei geschl.

MERIAN-Tipp

2 Colmado Quilez

Liebenswert gepflegter Kolonialwarenladen (»colmado«) für katalanische, spanische und internationale Delikatessen. Gourmets kaufen hier katalanische Wurstwaren, würzigen Schinken, Käsesorten, edle Fischkonserven, Süßwaren, Olivenöle, Cavas, Weine und Spirituosen. Es gibt auch eine große Auswahl an Weinen aus den Anbaugebieten Kataloniens sowie aus La Rioja, Ribera del Duero, Rueda, Somontano, Cariñena, Rias Baixas etc. Riesenangebot an internationalen Bieren.

Rambla de Catalunya 63;
Metro: Gràcia S. 139, E 1

Einkaufen

Pastissería Escribà S. 139, D 3
Gemischte Feinkost und Schokolade, Mousse, wunderbare Kuchenkreationen und Eis aus eigener Herstellung. Sehr schöne Jugendstileinrichtung.
Ramblas 83; Metro: Liceu; www.escriba.es

Mercat de la Boquería S. 139, D 3
Ein Erlebnis: der Wochenmarkt für Lebensmittel und Delikatessen mit seiner würdevollen Markthalle, deren eiserne Dachkonstruktion von 1915 stammt. Reiches Sortiment an Früchten, Gemüse, Fleisch- und Wurstwaren, Fisch, Kräutern, Pilzen. Mit 13 600 qm die größte Markthalle Kataloniens – wenn nicht sogar Spaniens.
La Rambla de Sant Josep 105; Metro: Liceu; Mo–Sa 8–19 Uhr

Service

Auskunft
Centre d'Informació Turisme de Barcelona S. 139, E 2
Pl. de Catalunya 17 (Untergeschoss); Tel. 9 32 85 38 34; www.barcelonaturisme.com; Mo–Fr 9–21 Uhr

MALLORCA

»La Luminosa« – »die Erleuchtete« nennen die Mallorquiner ihre Insel, denn die Luft ist klar, die Sicht weit, und viele Stunden im Jahr lacht die Sonne. Von der größten Baleareninsel geht eine Faszination aus, der man sich kaum entziehen kann. Schroffe Gebirgszüge wechseln sich ab mit kilometerlangen Sandstränden, verträumte Dörfer mit verschwiegenen Buchten.

Palma de Mallorca

383 000 Einwohner
Stadtplan → S. 140/141

Viel gibt es zu sehen in der Inselhauptstadt Mallorcas, die auf eine zweitausendjährige Geschichte zurückblicken kann. Palma ist eine richtige Großstadt, aber gut überschaubar. Schnell gelangt der Besucher von den breiten Zufahrtsstraßen in die anheimelnden schmalen Gassen der Altstadt, wo die Sehenswürdigkeiten auf engstem Raum stehen.

Spaziergang

Den Rundgang beginnt man am besten recht früh, und zwar an der **Plaça de la Reina**. Eine breite Treppengasse, die Costa de la Seu, führt entlang dem Gemäuer des Almudaina-Palastes zur Plaça de l'Almoina mit der alles beherrschenden **Kathedrale**. Gleich nebenan liegt der **Almudaina-Palast**. Die ehemalige Zitadelle der arabischen Herrscher ist heute Museum und Amtssitz des Königs auf Mallorca.

Durch die Gassen Estudi General und Zanglada gelangt man zur Calle Almudaina, über die sich der Almudaina-Bogen spannt. Man passiert den nicht gerade großen, aber bekannten Bogen und nimmt die Calle Morey in Richtung Meer. Auf dem Weg zu den Arabischen Bädern stößt man auf den **Palau Oleza**, ein Paradebeispiel der mallorquinischen Stadtpaläste. An der folgenden Gabelung nimmt man die schmale linke Gasse, sie heißt Portella, so wie das ganze Viertel auch **La Portella** genannt wird. Am Ende der Gasse biegt man links ab und läuft die Calle Serra hoch. Die **Arabischen Bäder** liegen auf der rechten Seite. Man sollte nichts Gewaltiges erwarten, doch handelt es sich bei dieser gewölbten Halle, die von schlanken Säulen getragen wird, um das einzige Gebäude aus maurischer Zeit (April–Okt. tgl. 9.30–19, Nov.–März 9.30–18 Uhr; Eintritt 1,50 €). Die Gassen Santa Clara und Pare Nadal führen nun zur Klosterkirche **Sant Francesc** aus dem 13. Jh. Die rückwärtige Fassade des Konvents grenzt an die mit Palmen und Platanen begrünte Plaça Quadrado. Die abzweigenden Parallelgassen Can Sanç und Can Savellà sind beide sehenswert. In Letzterer steht der **Palau Vivot**. Der Stadtpalast des Marqués de Vivot aus dem 18. Jh. kann nur nach Anmeldung besichtigt werden. Vom Adelshaus führt der Weg nun in die Can Sanç zu Palmas ältester Schokoladeria **Can Joan de S'Aigo**, die ebenfalls seit dem 18. Jh. besteht. Die Einrichtung ist plüschig, der Kakao dick und süß – so haben ihn schon Joan Miró und andere Berühmte genossen.

Gestärkt geht man jetzt um zwei Ecken zur Kirche **Santa Eulària**. Sie ist Palmas ältestes Gotteshaus, errichtet im 13. Jh., und hat einen auffallend schönen Glockenturm. Sehr weltlichen Schmuck findet man in den Auslagen der Geschäfte der Calle Argenteria, die über die Calle Bosseria zur Plaça Marquès del Palmer führt. Hier sollte man den Blick nach oben richten, denn das ohnehin ungewöhnliche Jugendstilhaus **Can Forteza-Rei** ist am ungewöhnlichsten ganz oben: Den Giebel ziert ein Mosaik mit einer bunte Blumenwiese.

Nur wenige Schritte sind es zur Plaça Major. Von diesem Hauptplatz mit Bogengang zweigen die großen Straßen Sindicat, Sant Miquel und, hinter dem Teatre Principal, die **Rambla** ab. Man kehrt nach einem gemütlichen Rundgang unter den Arkaden in die Bosseria zurück und nimmt die Geschäftsstraße Jaume II bis zur Plaça Cort. Hier steht das Rathaus oder **Ajuntament**. Die vorspringende Dachtraufe ist das Werk eines Schiffszimmermanns. Bemerkenswert ist auch der verwachsene Stamm eines Olivenbaums, der sicher weitaus älter ist als alle Gebäude der Umgebung.

Sehenswertes

Almudaina S. 140, B 4

Die Geschichte dieses Palastes ist die Geschichte der Stadt: ehemals Festung der arabischen Herrscher, später Residenz der Mallorquiner Könige, danach Sitz des Gouverneurs und schließlich der balearischen Militärkommandantur. Draußen stehen wuchtige Kanonen, und auf einem der vier Türme hält ein Bronzeengel Wacht. Der kürzlich renovierte Südteil des gotischen Bauwerks mit dem prächtigen Thronsaal ist zur Besichtigung freigegeben, sofern nicht König Juan Carlos gerade auf Mallorca weilt und den Palast für Empfänge nutzt.

April–Sept. Mo–Fr 10–18.30, Okt.–März 10–14 und 16–18, Sa 10–14 Uhr, So geschl.; Eintritt 3,20 €, Mi frei

Sa Llotja (La Lonja) S. 140, A 4

Die alte Warenbörse dient heute als Ausstellungsraum. In seiner langen Geschichte wurde das gotische Meisterwerk aus dem 15. Jh., dessen Säulen sich wie Palmen auffächern, u. a. für Karnevalsveranstaltungen genutzt.

Plaça Llotja, am Passeig de Sagrera; tgl. außer Mo 11–14 und 17–21 Uhr, So nur vormittags

La Seu (Kathedrale) S. 140, C 4

3 Am Anfang dieses herausragenden Beispiels gotischer Architektur stand ein Gelübde, das König Jaume I. vor der Schlacht gegen die arabischen Herren der Insel abgegeben haben soll: Ein stolzes Haus wolle er »zur Ehre der Heiligen Jungfrau Maria« errichten. Nach dem Sieg wurde 1230 der Grundstein auf den Ruinen der Hauptmoschee gelegt. Die Fertigstellung der Kathedrale dauerte insgesamt 300 Jahre. Anfang des 20. Jh. durfte Antoni Gaudí, der Genius des katalanischen Jugendstils, Hand mit

MERIAN-Tipp

3 Mit dem »Roten Blitz« nach Sòller

An vergangene Zeiten erinnert schon der Bahnhof an der Plaça Espanya in Palma. Das Stationsgebäude aus Naturstein hat grüne Fensterläden, und den Bahnsteig überspannt der schmiedeeiserne Schriftzug »Ferrocarril de Sóller«. 1912 wurde diese Linie in Betrieb genommen. Mit viel Getute rattert er durch Palmas Vororte, durchquert Getreidefelder und Baumkulturen. Über Hochbrücken und zeitweise im Kriechtempo nähert sich der »Rote Blitz« der Serra d'Alfàbia, die sich schroff und steil wie eine Wand vor den Gleisen erhebt. Es wird dunkel, es wird hell – der erste Tunnel ist durchfahren, zwölf weitere folgen; der längste ist 3 km lang, mehr als ein Fünftel der Gesamtstrecke von 27 km liegen im Berg. Und dann – falls es sich um den Zug von 10.50 Uhr handelt – kommt die Überraschung: ein Halt auf freier Strecke. Die Zeit am Mirador del Pujol des Banya reicht für Fotos und einen ausgedehnten Blick auf die roten Dächer von Sóller. Pfeifen, Anruckeln, abwärts geht es. Der Zug läuft in den schmucken Bahnhof in Sòller ein. Hier lohnt sich ein Abstecher zu Fabrica de Gelats: Das Eis und der frische Orangensaft sind hervorragend (Plaça des Mercat).

Auszug der Abfahrtszeiten von Palma: 8.00, 10.50, 12.15 Uhr; von Sóller: 9.10, 12.15, 14.00, 18.30 Uhr

S. 141, nördl. F 1

anlegen. Seine Änderungen, die vielfach mit dem Überflüssigen »aufräumten«, gaben dem Innenraum Klarheit und Weite; voll zur Geltung kamen nun die schlanken Säulen, die das 44 m hohe Dach des Mittelschiffs tragen. Bewundert wird von allen Besuchern die natürliche Beleuchtung. Die Sonnenstrahlen fallen durch tausende von bunten Einzelscheiben und machen das mächtige Bauwerk zu einer Kathedrale des Lichts.

Besichtigung durch Kathedralmuseum, Pl. de l'Almoina; Mo–Fr 10–18, Sa 10–14 Uhr, So und Feiertags geschl.; Eintritt 4 €

Museen und Galerien

Es Baluard — Museu d'Art Modern i Contemporani

→ S. 140, westl. A 3

Das Kunstmuseum, integriert in der alten Stadtmauer, beherbergt Klassiker der Moderne wie Miró und Picasso, aber auch Werke zeitgenössischer Meister wie Kiefer und Baselitz. Fantastischer Blick auf den Hafen.

Pl. Porta de Sta. Catalina; Tel. 9 71-90 82 00; www.esbaluard.org; Di–So 10–22, im Winter 10–20 Uhr; Eintritt 6 €

Essen und Trinken

Koldo Royo

→ S. 140, westl. A 3

Der Baske, Namensgeber des Restaurants, ist zurzeit der wohl bekannteste Küchenchef Mallorcas; sehr persönliche Kreationen und eine der besten Weinkarten der Insel.

Passeig Marítim 3; Tel. 9 71-73 24 35; Mo–Fr 13.30–15.30 und 20.30–23 Uhr, Sa nur abends, So geschl. ●●●

Bar Bosch

→ S. 140, B/C 2

Der Treffpunkt in Palma für Geschäftsleute, Studenten und Touristen, von morgens bis nach Mitternacht. Kaffee trinken, Tapas essen und gucken. Fast unverändert seit über 70 Jahren.

Pl. Rei Joan Carles I

Einkaufen

Colmado Santo Domingo

→ S. 140, C 3

Der Laden hat in seinem Sortiment einheimische Delikatessen.

Calle Sant Domingo 1

Forn del Sant Crist

→ S. 140, B 3

Seit 150 Jahren werden hier »ensaimadas« (Blätterteiggebäck) gebacken, laut Volksmund die besten der Stadt.

Paraires 2

Abends wird Palmas Kathedrale La Seu (→ S. 47) festlich beleuchtet und zeigt sich in ihrer ganzen Pracht. Vom Hafen aus ist der Anblick besonders eindrucksvoll.

Juncosa → S. 140, C 3
Hier gibt es eine Auswahl mallorquinischer Webstoffe mit dem traditionellen »Zungenmuster«.
Calle Sant Nicolau 12

SERVICE

Auskunft

Touristeninformation → S. 140, B 3
Plaça de la Reina 2; Tel. 971-71 22 16; www.infomallorca.net

Ausflüge

Andratx

11 000 Einwohner

Das Landstädtchen ist von seinem Fischerhafen, der sich längst zu einem schicken Jachthafen entwickelt hat, nur 5 km entfernt – und dennoch eine ganz andere Welt. In den winkligen Gassen hinter rustikalen Gemäuern ist alles beim Alten geblieben. Nach wie vor bewachen zwei Gebäude den Ort: die wehrhafte Pfarrkirche **Santa Maria** aus dem 13. Jh., von deren Vorplatz man eine wunderbare Aussicht genießt, und das Landgut **Son Mas**, das ursprünglich eine maurische Festung war, sich dann in privatem Besitz befand und seit 1998 Rathaus von Andratx ist. Hin und wieder werden hier Bilder und Skulpturen ausgestellt.
35 km westl. von Palma

Atelier Joan Miró

»Wenn ich nicht mehr bin, sollen die Ateliers erhalten bleiben«, verfügte Miró vor seinem Tod im Dezember 1983. Und so kann der Besucher nun auch den Arbeitsplatz und einige unvollendete Werke betrachten, als sei der Meister der Moderne nur kurz außer Haus gegangen.
7 km südwestl. von Palma
Calle Joan de Saridakis 29; Di–Sa 10–19, So 10–15 Uhr, Mo geschl.; Eintritt 4,30 €,

Fornalutx/Biniaraix

»Die schönsten Weiler Mallorcas«, so werden die benachbarten Dörfer genannt. Da sind die aus Natursteinen gebauten Mauern und Gassen, und da ist die malerische Lage mit den leuchtenden Orangen im Vorder- und den Bergen im Hintergrund.
36 km nördl. von Palma

Valldemossa

»Es ist der schönste Ort, den ich je bewohnt habe«, schwärmt die französische Schriftstellerin George Sand in ihrem Mallorca-Buch. Viele Besucher, die sich dem Häusergewirr der Kleinstadt am Fuße des 1062 m hohen **Teix** nähern, werden ihr zustimmen. Es sind nicht gerade wenige, die an schönen Sommertagen mit Reisebussen und Autos angereist kommen, und die meisten wollen das Kartäuserkloster besichtigen, in dem George Sand und Frédéric Chopin den Winter 1838/1839 verbrachten.
25 km nördl. von Palma

SEHENSWERTES/MUSEUM

Cartoixa (Kartause)
Auch königliche Kartause genannt, denn die Anlage besteht aus der Kirche, dem angebauten Kloster und dem Palast des Königs Sanxo. Hier lebten die Kartäusermönche in der Zeit von 1399, als Martí der Gütige ihnen den Besitz vermachte, bis 1835, als alle Klöster enteignet wurden. Natürlich richtet sich das Hauptaugenmerk der Besucher auf jene Zellen, in denen das berühmte Paar Sand/Chopin drei Jahre später Unterkunft fand: Da steht das mallorquinische Klavier, an dem Chopin das Regentropfenpräludium komponierte, da liegen Zeichnungen, Briefe und das Manuskript des Klassikers »Ein Winter auf Mallorca«.
www.valldemossa.com; tgl. 9.30–18 (im Winter bis 16 Uhr), So 10–13 Uhr; Eintritt 7,50 €

Im Fokus: die Häfen am Mittelmeer

Häfen wie Messina, Syrakus, Valletta, Neapel und Barcelona blicken auf eine lange Geschichte zurück

Als ältester Hafen am Mittelmeer gilt der der Kykladeninsel Delos aus dem 8. Jh. v. Chr. Noch deutlich lassen sich eine Kiesschüttung für den Kai und eine Steinschüttung für die Mole zum Schutz gegen die Stürme erkennen. Erst die Phönizier begannen, für die Hafenanlagen (und zugehörige Befestigungen) den Quaderbau zu verwenden.

Blick in die Antike

Zu den größten Hafenanlagen der Antike gehörte das sizilianische Syrakus, das im 8. Jh. v. Chr. von griechischen Siedlern gegründet wurde. Auch heute besitzt das auf einer Insel gelegene Syrakus noch einen bedeutenden Hafen. Die Römer übernahmen den griechischen Hafenbau vermutlich aus Sizilien. Unter Kaiser Claudius wurde Ostia zum modernsten Hafen des Imperiums ausgebaut. Die großen römischen Häfen verfügten über Molen mit Leuchtturm, Kai, Ladekränen, Werften, Lagerschuppen und Hafenbüros.

Stretto di Messina

In Süditalien konnten sich die Seefahrer an den Vulkanen orientieren. Der Etna überragt den Hafenort Taormina um 3350 m. Kreuzfahrtschiffe legen jedoch in Messina an. Über die 400 m breite Hafeneinfahrt von Messina wacht eine vergoldete Madonna auf einer 60 m hohen Säule, die auf einem Festungsturm errichtet wurde. Der sichelförmige Naturhafen, dem Messina im Altertum den Namen Zankle (Sichel) verdankte, liegt am Stretto di Messina, der Meerenge von Messina, die im Norden bei der Einfahrt aus dem Tyrrhenischen Meer zwischen Punta del Faro und Punta Pezzo nur 3200 m breit ist.

Hafen von Neapel

Zwischen den Inseln Ischia und Procida auf der Backbord- und Capri auf der Steuerbordseite laufen die Kreuzfahrtschiffe in die Bucht von Neapel ein. Hier herrscht reger Schiffsverkehr, »traghetti« (Fähren), »aliscafi« (Tragflügelboote) und »navi veloci«

(Schnellboote) verkehren von der Millionenstadt Neapel aus nicht nur nach Ischia, Procida und Capri, sondern auch nach Sorrent und zur Amalfiküste (www.traghettionline.net). Autofähren verbinden Neapel mit der sizilianischen Hafenstadt Palermo und mit Cagliari auf Sardinien.

Als höchste Erhebung Capris ragt der Sonnenberg, der Monte Solaro, 589 m auf. Der Vesuv, den man geradeaus vor sich hat, ist mit 1281 m etwa doppelt so hoch. Die Kreuzfahrtschiffe machen in Neapel an den Kais der Stazione Marittima fest, ein Prachtbau aus der Mussolini-Ära. Zwischen Stazione Marittima und dem Molo San Vincenzo legen die Fähren nach Capri ab.

Maltas Hafen Valletta

Die Kreuzfahrer befestigten den maltesischen Hafen Valletta so weit, dass er sich praktisch nicht einnehmen ließ. Ohnehin kam Hafenbefestigungen ein sehr hoher Stellenwert zu. In Tanger und Algier unterhielten die Freibeuter bis ins frühe 19. Jh. Befestigungen. Hafenstädte wurden überfallen, Schiffe aufgebracht und Besatzung und Passagiere in die Sklaverei verschleppt. In Valletta laufen die Kreuzfahrtschiffe zwischen dem St. Elmo Lighthouse und Fort Ricasoli in den Hafen ein und machen an den Pinto Wharves an der Nordwestseite des Hafenbeckens fest.

Prunkhafen Barcelona

Einer der schönsten Häfen am Mittelmeer ist der von Barcelona. Weithin sichtbar ist die Kolumbus-Säule von 1888, das Monument Colom, das nur einen Steinwurf von der Estació Marítima an der Moll (Mole) de Barcelona, an der die Kreuzfahrtschiffe festmachen, entfernt liegt. Zu sehen sind auch die Seilbahn (Transpordador Aeri), die über das Hafenbecken hinwegschwebt, und die geschwungene Fußgängerbrücke (Rambla de Mar), die von der Kolumbus-Säule zum Freizeitgelände Moll d'Espanya und dem Aquarium führt.

Die Häfen im Netz

Sämtliche Mittelmeerhäfen werden auf der Homepage www.medcruise.com vorgestellt, leider nur auf Englisch. Die Seite ist mit einer Geräuschkulisse unterlegt: Möwenkreischen und Brandungsrauschen. Spezielle Website zu Messina: www.porto.messina.it, Valetta: www.mma.gov.mt und Barcelona: www.apb.es.

Vielgestaltig präsentiert sich Vallettas Hafen: als natürlicher Fels, als ritterliche Festung und als moderner Umschlagplatz.

Frankreich

Lebensart à la française bieten die Hafenstädte entlang der französischen Küste und auf Korsika.

Savoir-vivre – wo ließe sich das Leben besser genießen als in einem der Straßencafés auf der Prachtstraße Cours Mirabeau in Aix-en-Provence (→ S. 55)?

Leben wie Gott in Frankreich! Hier können Gourmets sich von Aromen, Düften und Farben verführen lassen: schwarze Oliven, exquisiter Trüffel, Lavendel oder die Kräuter der Provence verfeinern nicht nur mediterrane Fischgerichte, sondern verleihen der malerischen Kulisse sogar eine romantische Note ...

Marseille

820 900 Einwohner

Eine Hafenstadt mit einem legendär schlechten Ruf? Das ist längst vorbei. Mit Milliardenaufwand wird bis 2012 das Projekt **Euroméditerranée** verwirklicht, ein 310 ha großes Dreieck vom Hafen bis zum Bahnhof wird verschönert, saniert, bebaut, umgewandelt, damit es den Ansprüchen des 21. Jh. für einen »Leuchtturm am Mittelmeer« genügt. Hotels, Büroräume, Parks und Geschäfte entstehen, Filmgelände und Hafenterrassen, und schon heute lässt sich hinter den Docks besichtigen, wo die jungen Kreativen sich heimisch fühlen.

Spaziergang

Vom **Vieux Port** kommt man auf der linken Hafenseite, dem Quai de Rive-Neuve, schnell in die Fußgängerzone um das Carré Thiars mit italienischem Flair und zum Cours Honoré-d'Estienne-d'Orves, in den Achtzigerjahren des 20. Jh. über einem Parkhaus entstanden. An der Oper vorbei, einem Art-déco-Bau der frühen Zwanzigerjahre, erreicht man die **Canebière**, die einstige Prachtstraße.

Wer es schafft, die Straße in Höhe **Cours Belsunce** trotz des nicht abreißenden Autostroms zu überqueren, glaubt sich plötzlich in einer anderen Welt. Der Bauch von Marseille verströmt Düfte wie die Souks von Marrakesch. Hier wird gehandelt und gekauft, alle Farben Afrikas türmen sich auf Gemüse- und Stofftischen, und fremde Sprachen klingen im Ohr. Männer ruhen mit Wasserpfeifen an Teetischen, verschleierte Frauen schleppen Taschen und Tüten an neugierigen Touristen vorbei. **Noailles** heißt das Viertel, das sich bis zur Place du Marché-des-Capucins erstreckt und dessen Hauptachse, die Rue d'Aubagne, ein immerwährender Markt zu sein scheint.

Zur Aperitifzeit und danach ist **La Plaine** angesagt, das Viertel, das sich von der Place Jean-Jaurès südöstlich der Canebière bis zum Cours Lieutaud erstreckt und allabendliches Ziel von Musik- und Theaterfreunden ist.

Stadtspaziergänger wenden sich wieder dem Vieux Port zu, sehen im **Jardin des Vestiges** Reste des römischen Hafens und Bollwerke, die bei Ausgrabungen in der nahen Rue Barbusse zutage traten, und folgen dem Quai du Port bis zum barocken Rathaus. Die Fünfzigerjahre-Blocks dahinter und unter dem Panier-Viertel stehen dort, wo 1943 das mittelalterliche Marseille mit seinem Gassenlabyrinth von deutschen Besatzern fast vollständig gesprengt wurde – zu sehr bot es sich als Versteck für Deserteure und die Résistance an.

Im ältesten Viertel Marseilles, im »korsischen Dorf« **Panier**, das früher eine Fischersiedlung war, muss man unzählige Stufen hinaufsteigen zur **Vieille Charité** aus dem 17. Jh. – ein von Pierre Puget gebautes Armenhaus, das heute, nach behutsamer Restaurierung, Ausstellungen beherbergt. Neben einer Bildergalerie, einem Institut für Mittelmeerstudien und einem Archäologiemuseum gibt es dem Museum für afrikanische, indianische und ozeanische Kunst Raum. In den Sommermonaten finden hier Freiluftkonzerte statt.

Wer auf die **Place de la Joliette** hinunterblickt, wo auf 2 ha Land aus den alten Docks ein neues Nobelviertel gewachsen ist, fühlt sich an die Entwicklung der Speicherstädte in London und Hamburg erinnert. Gegenüber, auf der anderen Seite des

Vieux Port, sieht man auf dem Berg die Basilika **Notre-Dame-de-la-Garde**, wo die goldene Mutter Gottes gleichsam über der Stadt schwebt. Zwei Forts, das Fort Saint-Jean und das Fort Saint-Nicolas, scheinen nach wie vor die Hafeneinfahrt zu schützen, und ganz nah vor der Stadt liegen die Inseln, eine mit dem Château d'If, dem im 16. Jh. errichteten Staatsgefängnis.

Sehenswertes

Corniche Kennedy
Das schönste und eleganteste Stück der Stadt mit einer 3 km langen Promenade wurde nach der Revolution 1848 gebaut.

Forts Saint-Jean und Saint-Nicolas
Zwei Zitadellen (12.–17. Jh.) bilden das Tor zum Alten Hafen und ermöglichen einen schönen Blick auf die Stadt.

Parc Borély
Die große Grünanlage um ein Schloss aus dem 18. Jh., mit See und Botanischem Garten mit Rosen und tropischen Pflanzen, liegt nahe am Strand.
Avenue du Prado; Bus 19,44, 83 (Borély); tgl. 8–21 Uhr; Eintritt (Botan. Garten) 3 €

Museen

Es gibt insgesamt 21 Museen und damit mehr als in jeder anderen französischen Stadt außer Paris; zudem sind die Eintrittspreise günstig.

Musée d'Art contemporain
Auf 4000 qm zeitgenössische Kunst: von Neuen Realisten wie Tinguely über Rauschenberg bis zur Arte povera, außerdem Filme und Videos.
69, avenue d'Haïfa; Bus 23 und 45 ab Métro Rond-point du Prado (bis »Marie-Louise« bzw. »Hamburg-Haifa«); Juni–Sept. Di–So 11–18, Okt.–Mai 10–17 Uhr

Musée Cantini
Moderne und zeitgenössische Kunst: Fauves, Surrealisten, Kubisten, dazu Fayencen aus Marseille und Moustiers.
19, rue de Grignan; Métro: Estrangin-Préfecture; Juli–Aug. Di–So 11–18, Sept.–Juni 10–17 Uhr; Eintritt 3 €

Essen und Trinken

Chez Fonfon
Fonfon bietet einen wunderbaren Blick und exklusives Essen, etwa Fisch in einer Tonkruste gegart.
140, Vallon-des-Auffes; Tel. 04 91 52 14 38; So, Mo geschl. ●●●●

Vor der Kulisse des Doms und des Papstpalastes in Avignon lässt es sich perfekt einen Kaffee schlürfen und das besondere Flair der geschichtsträchtigen Stadt erspüren.

Le Miramar
Die Bouillabaisse ist berühmt, die Auswahl an frischen Fischen groß, und ein junger Chef-Pâtissier sorgt für die adäquaten Desserts.
12, quai du Port; Tel. 04 91 91 10 40;
So, Mo geschl. ●●●

EINKAUFEN

Les Ateliers Marcel Carbonel
Alle Familienmitglieder Carbonel sind in der Santon-Produktion tätig, der kleinen Figuren, die zum provenzalischen Krippenspiel gehören.
47, rue Neuve-Sainte-Catherine;
Di und Do 14.30–19 Uhr (Vieux Port)

Chez Bataille
Ein wahres Feinkostgeschäft regionaler Produkte – und ein Eckchen zum Kosten existiert auch.
16–18, rue Fontange

SERVICE

Auskunft
Office de Tourisme
4, la Canebière, 13001 Marseille;
Tel. 04 91 13 89 00;
www.marseille-tourisme.com

Ausflüge

Aix-en-Provence

139 800 Einwohner

Aix, wie alle sagen, ist die wohl schönste Stadt der Provence. Der **Cours Mirabeau** ist die Prachtstraße unter einem Platanendach, das die Sonne filtert. Vor den Cafés flaniert man auf breiten Trottoirs, als wären sie mit Teppichen ausgelegt. Römisch elegant und zeitlos präsentieren sich die gelben Stadtvillen aus dem 17. und 18. Jh. mit ihren schmiedeeisernen Balkons und prachtvollen Türen, hinter denen Banken und Immobilienfirmen ihren Geschäften nachgehen. Ein C im Pflaster führt zu den Spuren des Malers **Paul Cézanne**, der 1839 in Aix geboren wurde und 1906 hier starb. Irgendwo plätschert ein Brunnen, 101 soll es davon in der Stadt geben, die 122 v. Chr. als erste römische Siedlung in Gallien gegründet wurde und in der zu wohnen angesichts der gestiegenen Preise und des knappen Wohnraums für viele ein Traum bleiben wird. In den schmalen Altstadtgassen nördlich des Cours Mirabeau, mit kleinen exklusiven Läden, Restaurants und Cafés, bummeln Studenten und fotografieren Besucher die herrlichen Fassaden.
20 km nördl. von Marseille

Avignon

90 800 Einwohner

Die Stadtmauer mit Türmen und Zinnen aus dem 14. Jh. erstreckt sich über insgesamt 4,8 km und umgibt die gesamte Altstadt.

Wenn die Abendsonne die Mauern am Rhône-Ufer rosa färbt und die Zikaden zirpen, scheint die Zeit stehen geblieben zu sein. Übermächtig thronen Papstpalast und Rocher des Doms über dem Stadtrand, und die letzten vier der einst 22 Arkadenbögen der berühmten Brücke aus dem 12. Jh. spiegeln sich im Fluss. Zwischen 1309 und 1377, als sieben Päpste hier regierten, führte Kopfsteinpflaster zur Barthelasse-Insel hinüber; jetzt kann man eine Fähre nehmen. Vier Päpste haben den Palast gebaut und das unbedeutende Avignon in den Blickpunkt der Öffentlichkeit gerückt.

Zentrum der Stadt ist die **Place de l'Horloge**, auf der sich vor zahlreichen Restaurants und Cafés ein altertümliches Kinderkarussell dreht. Aus den Nebenstraßen der Fußgängerzone weicht mit Geschäftsschluss das Leben. Doch dann wird es in der Rue des Teinturiers gemütlich, wo sich mit kleinen Läden, Weinhandlungen und Restaurants ein Szeneviertel entwickelt hat.
80 km nördl. von Marseille

Nizza

346 000 Einwohner

Nizza ist keine Touristenstadt, jedenfalls nicht nur. 35 % der Bevölkerung des Départements leben in Nizza, davon 25 000 Studenten. Nizza verliert daher auch außerhalb der Saison nichts von seiner Lebendigkeit. Die Sonne, so hat man gezählt, scheint 2640 Stunden im Jahr. Mit Zügen und Bussen sind Attraktionen in der Umgebung schnell erreichbar. Drei Traumstraßen, die untere, mittlere und obere Corniche, führen nach Osten.

19 Museen und Galerien warten auf Kunstfreunde. Seit Fertigstellung der Straßenbahnlinie 1 im Winter 2007 betritt der Besucher an der **Place Masséna** ein einzigartiges Freilichtmuseum: 15 internationale Künstler haben mit ihren Werken die 8,7 km lange Strecke in Szene gesetzt. Das hat Stadtviertel aufgewertet, neue Plätze und Fußgängerinseln wurden geschaffen. Das Museum Masséna, acht Jahre lang geschlossen, präsentiert seit 2008 wieder die jüngste Geschichte Nizzas. Auch das Matisse-Museum ist renoviert, und im Palais Lascaris in der Altstadt soll ein Instrumentenmuseum eingerichtet werden. Noch gibt es zahlreiche Baustellen – schließlich möchte Nizza im Jahr 2013 Europäische Kulturhauptstadt werden.

Der vermutlich älteste kontinuierlich besiedelte Ort der Menschheit, **Terra Amata**, trägt bis heute lebendige Spuren seiner Geschichte. Zwischen Flughafen, an der Mündung des Var, und Burgberg (**Colline du Château**) breitet sich die Hauptstadt des Départements Alpes-Maritimes von der Promenade des Anglais in einem Tal aus. Nicht nur die Fassaden, auch die regelmäßigen Straßenzüge verraten hier die Planung im 18./19. Jh. mit dem Zentrum **Place Masséna**.

Der Boulevard Jean-Jaurès trennt die Stadterweiterung der Neuzeit vom mittelalterlichen Kern mit den engen Gassen. Die Promenade nach Norden begräbt den Fluss **Paillon**, der früher für verheerende Hochwasser sorgte. Reste einer Römerstadt wurden im Stadtteil **Cimiez** ausgegraben. In die Nische zwischen Burgberg und Mont Boron fügt sich das **Fischerviertel** mit dem Hafen ein.

Spaziergang

Wo sollte man einen Nizza-Rundgang beginnen, wenn nicht an der **Promenade des Anglais**, wo Angestellte auf den blauen Stühlen die Mittagspause nutzen, Urlauber wie seit mehr als 100 Jahren promenieren, Hunde ausgeführt werden und – seit einigen Jahren – Inlineskater über die breite Bahn flitzen. An den schmalen Kiesstränden der Engelsbucht wechseln öffentliche und private (Hotel-)Zonen. Jenseits der sechsspurigen Straße reihen sich Nobelbauten wie das berühmte **Hotel Negresco** aus dem Jahr 1912 und architektonische Belanglosigkeiten aneinander. Das schöne Art-déco-**Palais de la Méditerranée**, 1929 als Casino eröffnet, gehört nach einer bewegten Geschichte heute zu den äußerst noblen »Leading Hotels of the World«.

Im **Jardin Albert I.** sitzen die Schattensucher. Auf der anderen Straßenseite fährt ein Aufzug hinter der Treppe zum **Parc du Château** mit gutem Rundblick. Man erkennt Mont Boron und Hafen, Alt- und Neustadt und ganz weit im Westen den Flughafen. Historischer Boden liegt unter den Füßen. Griechische Phokäer ließen sich im 4. oder 5. Jh. v. Chr. hier nieder. Vom 12. Jh. an entstand unten als Neustadt die heutige Altstadt. Auf dem **Friedhof** am Parkende liegt auch der wohl berühmteste Niçois, **Giuseppe Garibaldi** (1807–1882), begraben. Über die Allée François-Aragon gelangt man hinab in die Altstadt (Montée du Château).

Fast an der Kreuzung Rue Rossetti/Rue Droite liegt die Jesuitenkirche **St-Jacques** (1607–1650), Il Gèsu

Farbenfrohes Herzstück Nizzas: Auf dem Cours Saleya trifft man sich im Café oder Bistro, verweilt an den idyllischen Marktständen oder streift durch die Gassen der Altstadt.

in Rom nachgebaut und auch Église du Gésu genannt. Jenseits der Kreuzung befinden sich das **Palais Lascaris** (Nr. 15), im Genueser Barock (Mitte des 17. Jh.), an der Place Rossetti die **Kathedrale der hl. Reparata**, im 17. Jh. einer Märtyrerin geweiht, südlich die Präfektur, einst Schloss der Herzöge von Savoyen (18. Jh.), daneben der Justizpalast. Im rechten Winkel schließt sich Nizzas schönste Kirche an, die **Chapelle de la Miséricorde** in prächtigstem Barock hinter schlichter Fassade. Von der Place Pierre-Gauthier gelangt man auf den **Cours Saleya**, berühmter Blumenmarkt (außer Mo) und abendlicher Treffpunkt. In einem Café, vielleicht mit Durchblick zum Meer, lässt sich der nächste Spaziergang planen.

Sehenswertes

Cathédrale Orthodoxe Russe St-Nicolas

Ein Stückchen Russland in Nizza: Kaiserin Maria Feodorowna, Witwe Zar Alexanders III., ließ 1903 dort, wo ihr ältester Sohn 1863 gestorben war, im Park der Villa Bermond, die schönste orthodoxe Kirche außerhalb Russlands nach dem Vorbild der Moskauer Basiliuskathedrale bauen.

Av. Nicolas II.; im Sommer Di–So 9–12 und 14.30–18, im Winter 9.30–12.30 und 14.30–17 Uhr, Gottesdienste Sommer Sa 18, Winter 17.30, So 10 Uhr

Cours Saleya

Wer hier nicht war, auf der Promenade des Ancien Régime in der Altstadt, war nicht in Nizza. Hier trifft man sich im Café oder Restaurant, bummelt über den Blumenmarkt und den Markt, montags über den Flohmarkt. Von hier aus streift man durch die Altstadtgassen mit Kirchen und Palästen.

Museen

Der **Museumspass Nizza** (Carte Musées Ville de Nice) erlaubt für 6 € eine Woche lang den Eintritt in viele Museen der Stadt. Wer Museen in der Region besuchen will, kauft den **Museumspass Riviera** (Carte Musées Côtes d'Azur) für einen Tag (10 €). Viele Museen kosten am ersten Sonntag im Monat keinen Eintritt. Jugendliche unter 18 Jahren müssen ebenfalls nicht bezahlen.

Musée d'Art Moderne et d'Art Contemporain (MAMAC)
Als man in Europa begann, zeitgenössische Kunst auszustellen, hatte Nizza ein leichtes Spiel. Von den Impressionisten bis zu den Fluxuskünstlern hatten die meisten im Süden gelebt. So zeigt die Kunstburg aus Carrara-Marmor (Architekt Yves Bayard) neben Wechselausstellungen die neue Nizzaer Schule (César, Arman, Tinguely, vor allem Yves Klein und seine berühmten monochromen »Blaus«) und Pop Art (Andy Warhol, Roy Lichtenstein, Claes Oldenburg, Gilbert & Georges und vor allem Ben – Benjamin Vautier).
Promenade des Arts; Di–So 10–18 Uhr

Musée Matisse
Das Museum, untergebracht in einem rostroten Haus aus dem 18. Jh., zeigt Werke aus allen Schaffensperioden des berühmten Malers, der 1917 nach Nizza zog – 68 Bilder und fast sein gesamtes plastisches Werk.
164, av. des Arènes-de-Cimiez; April–Sept. Mi–Mo 10–18, sonst bis 17 Uhr

Musée National Message Biblique – Marc Chagall
Den »Traum der ganzen Menschheit« sah der Exilrusse Chagall (1887 bis 1985) in der Bibel. 17 Monumentalgemälde des Zyklus »Les Messages Bibliques« sind in einem lichtdurchfluteten Gebäude ausgestellt, das André Hermant 1972 eigens dafür entworfen hat.
Av. du Docteur Ménard; Juli–Sept. Mi–Mo 10–18, sonst bis 17 Uhr

Essen und Trinken

Terre de Truffes
Die unbestrittene Königin dieses hübschen Bistros ist die Trüffel, die man aber auch, zu hervorragenden Produkten verarbeitet (Trüffelcreme, Fonds, Trüffelmark), als Souvenir mit nach Hause nehmen kann.
11, rue Saint-François-de-Paule; Tel. 04 93 62 07 68; So geschl. ●●●

La Merenda
An einfachen Holztischen genießt man lokale Spezialitäten wie Kutteln, gefüllte Sardinen, Stockfisch oder Ratatouille.
4, rue Raoul Bosio; Sa, So, Fei und Aug. geschl. ●●

Voyageur Nissart
Einfache und gute nissardische Küche in Bahnhofsnähe: Raviolis niçois, »ossobuco« (Kalbshaxe), Zucchini-Tarte. Die Karte wechselt täglich.
19, rue d'Alsace-Lorraine; Tel. 04 93 82 19 60; Mo geschl. ●

Einkaufen

Nizzas Shoppingzentrum liegt zwischen Rue Paradis, Avenue de Suède und Avenue de Verdun.

Alziari
Man kann das Olivenöl, das aus einer familieneigenen Mühle am Nordwestrand Nizzas kommt, in schönen bunten Kanistern mit nach Hause nehmen. Die Tapenade (Olivenpüree, das gut auf Weißbrot und Tomaten schmeckt) wird noch eine ganze Weile an die Ferien erinnern.
14, rue St-François-de-Paule

Auer
Die Patisserie ist eine Legende, sowohl was die Dekoration als auch die Süßwaren betrifft.
7, rue St-François-de-Paule

BleuBlancRouge
Mode aus Nizza, jedes Jahr unter einem anderen Thema präsentiert.
44, rue Longchamp

Service

Auskunft
Comité Régional du Tourisme Riviera-Côte d'Azur
5, promenade des Anglais, BP 1602, 06011 Nice Cedex 1; Tel. 08 92 70 74 07; www.nicetourisme.com, www.nicetourisme.biz

KORSIKA

Großartige Badebuchten, wilde Steilküste, malerische Orte und eine lebendige Hauptstadt: Korsika bietet eine unglaubliche Vielfalt auf engstem Raum. Beliebte Badestützpunkte sind Calvi mit pittoresker Altstadt und Zitadelle und die Hafenstadt Ajaccio im Süden der Insel.

Ajaccio

58 000 Einwohner

Der zweitgrößte Hafen der Insel liegt am nördlichen Ende des gleichnamigen Golfes – großzügig mit schönen Alleen und Boulevards, schattigen und weiten Plätzen, farbenprächtigen Märkten und lauten Einkaufsstraßen mit eleganten Boutiquen. Die Stadt wurde von den Römern gegründet (lat. Adiacium), das heutige Saint-Jean-Viertel (Festung) war Ende der römischen Kaiserzeit eine blühende Siedlung, die im 10. Jh. von den Sarazenen zerstört wurde. 1768 verkaufte Genua, vom Widerstand der Korsen zermürbt, die Insel an Frankreich. Ein Jahr später wurde Napoleon im »französischen« Ajaccio geboren. Seine Heimatstadt verehrt ihn auf Straßen und Plätzen, in Häusern und Denkmälern. Während der Revolution avancierte Ajaccio 1793 zum Verwaltungszentrum des Départements Liamone und wurde 1811 zur Hauptstadt der Insel.

Spaziergang

Überall Napoleon, ein Napoleon in Blickweite des anderen: Auf der winzigen **Place Letizia** steht die Büste des »Roi de Rome«, Sohn Napoleons und Marie Louises von Österreich. An Napoleons Vater erinnert das bescheidene Geburtshaus in der **Rue Saint-Charles**, Ecke Rue Letizia, in dem der spätere Kaiser am 15. August 1769 das Licht der Welt erblickte. An der **Place Foch**, Ecke Avenue Antoine Sérafini, gedenkt man in der heutigen Bürgermeisterei seines Bruders Jérôme, des Königs von Westfalen. Von der Place Foch geht es direkt zur Geschäftsstraße **Rue du Cardinal Fesch**, der Hauptstraße des stimmungsvollen alten Hafenviertels Borgo, wo eine Tafel an dem Haus Nr. 28 daran erinnert, dass der Bürgermeister von Ajaccio im Mai 1793 Napoleon drei Tage verbarg und dann in die Provence bringen ließ. Am Ende der Rue Fesch liegt die Chapelle Impériale mit den Sarkophagen der kaiserlichen Familie.

Inspiriert von den Farben der Côte d'Azur, der Gassen und Märkte Nizzas schuf Matisse Meisterwerke wie »Fleurs et Fruits«, die im Musée Matisse ausgestellt sind.

Das winzige Archipel der Iles Sanguinaires (→ MERIAN-Tipp, S. 61), kleiner unbewohnter Eilande, befindet sich an der Nordspitze des Golfs von Ajaccio.

SEHENSWERTES

Chapelle Impériale

1857 von Napoleon III. als kaiserliche Grabkapelle bestimmt. In der Gruft befinden sich die Sarkophage von sieben Mitgliedern des Clans.

Rue Fesch, Eingang über Musée Fesch

Notre-Dame-de-la-Miséricorde

Die auch La Madunuccia genannte Kathedrale wurde ab 1852 in Form eines griechischen Doppelkreuzes errichtet. In der schlichten Kathedrale wurde Napoleon am 21. Juli 1771 getauft (Taufbecken rechts vom Portal in einer umzäunten Nische).

Place Diamant

Place d'Austerlitz

Den Platz ziert ein Standbild Napoleons mit Mantel und Zweispitz – eine Replik der Statue steht im Ehrenhof des Invalidendoms in Paris.

Place Charles-de-Gaulle

Ein Bronzedenkmal des Künstlers Viollet-le-Duc zeigt Napoleon hoch zu Ross neben seinen vier Brüdern und zwei Siegesgöttinnen.

Place Diamant

Seinen früheren Charme hat der Platz zwar verloren, seinen Musikpavillon aber zurückbekommen. Beliebter Treffpunkt der Einheimischen.

Saint-Erasme

In dieser 1617 von den Jesuiten errichteten Kapelle weihte der »Rat der Alten« 1657 seine Stadt, um die Bewohner vor der Pest zu bewahren.

Saint-Jean-Baptiste

In der Kapelle der Bruderschaft Johannes (1581) fasziniert der »cristo moro«; das Kruzifix aus tief nachgedunkeltem Birnbaumholz soll aus der frühchristlichen Kathedrale von Ajaccio aus dem Stadtteil Castel Vecchio stammen.

Rue du Roi-de-Rome

MUSEEN

Musée Fesch

Das Museum zeigt über 1200 Gemälde verschiedener italienischer Meister (von der Schule Giottos bis zum 18. Jh.). Im linken Flügel des Baus ist die Bibliothek Fesch untergebracht –

aus Klöstern und Adelshäusern zusammengetragen von Kardinal Josef Fesch (1763–1839), Stiefbruder von Letizia, Napoleons Mutter.
50, rue Fesch; www.musee-fesch.com; bis Ende 2009 wegen Renovierung geschl.

Maison Bonaparte
Vor dem schlichten Gebäude (18. Jh.) steht eine Kinderbüste des Königs von Rom, Napoleon II. (des Sohns Napoleons), geschaffen von E. J. Vezien (1936). Im ersten Stock befindet sich das Geburtszimmer Napoleons I. Zweiter Stock, 1. Saal: eine bis 1959 fortgeführte Ahnentafel der Familie sowie Dokumente aus dem persönlichen Besitz des Kaisers und seines Vaters. 2. Saal: Bildnisse der Geschwister. 3. Saal: Zeigt den Alkoven, in dem Napoleon nach seiner Rückkehr aus Ägypten geschlafen haben soll. 4. Saal: Ist Napoleon III. und seiner Gattin Eugénie gewidmet.
Rue Saint-Charles/Rue Letizia; www.musee-maisonbonaparte.fr; Okt.–März Di–So 10–12 und 14–16.45, April–Sept. Di–So 9–12 und 14–18 Uhr; Eintritt 5 €

Musée Napoléonien
In einem prunkvollen Saal des Rathauses sind Geburtsurkunde und Totenmaske Napoleons, Münzen und Medaillen, Skulpturen und Gemälde der kaiserlichen Familie ausgestellt.
Hôtel de Ville, Place Foch; tgl. außer Sa, So 9–11.45 und 14–16.45 bzw. 17.45 Uhr; Eintritt 2,30 €

Essen und Trinken

Restaurant Le 20123
So etwas gibt es nur einmal auf der Insel. Da ist zum einen das außergewöhnliche Ambiente einer »Stadt in der Stadt«, das den Eindruck vermittelt, in einer Altstadtgasse zu sitzen. Zum anderen überzeugt die Küche, in der frische Produkte des Landes zubereitet werden.
2, rue du Roi-de-Rome, Ajaccio; Tel. 04 95 21 50 05; Mo geschl. ●●●

Bistrot d'à Côté
Das Restaurant liegt etwas versteckt in der Altstadt und ist bekannt für seine Fischspezialitäten.
3, rue Pozzo di Borgo; Tel. 04 95 23 35 71 ●●

Restaurant de France
Die beste Adresse im Herzen der Stadt mit gutem Preis-Leistungs-Verhältnis.
58, rue Fesch; Tel. 04 95 21 11 00; So geschl. ●●

Einkaufen

L'Atelier du Couteau
Hier sind alle Messer Unikate und bei Sammlern sehr beliebt.
2, rue Bonaparte; Tel. 04 95 52 05 92

Bijouterie Sicurani
In diesem Laden gibt es das seltene Inselgestein Corsit (diorit orbicularis) in diversen Formen.
8, cours Grandval; Tel. 04 95 21 32 74

Service

Auskunft
Office du Tourisme
3, bd. Roi Jérôme, 2000 Ajaccio; Tel. 04 95 51 53 03; www.ajaccio-tourisme.com; Juli/Aug. Mo–Sa 8–20.30, So 9–13 und 16–19 Uhr

MERIAN-Tipp

4 Bootsausflug: Iles Sanguinaires

Die vier »Blutinseln« mit ihren einzigartigen, oft blutrot flammenden Sonnenuntergängen an der nördlichen Golfküste sind der beliebteste Ausflugsort der Ajacciens und mit dem Boot leicht zu erreichen. Ein ergreifend schönes Naturschauspiel, das Sie sich nicht entgehen lassen sollten! Bootstouren sind zu buchen bei:

Nave va, Abfahrt tgl. 15, zurück um 18 Uhr; Tel. 04 95 21 83 97 (Stadtbüro) oder 04 95 51 31 31 (Hafenbüro); www.naveva.com

Ausflüge

Bonifacio

2800 Einwohner

»Was die Schönheit anbelangt«, schrieb der französische Dichter Paul Valéry, »ist Bonifacio die Hauptstadt der Insel. Die Stadt treppt sich hinauf über einen Vorsprung des Küstengebirges, ja sie ragt hier und da sogar über das Meer vor und blickt über die mit Klippen gespickte Meerenge auf die niedrigere Küste Sardiniens hinunter. Zu ihren Füßen umzieht sie – nach der anderen Seite zu – fast in einem geschlossenen Bogen ein 1500 m langer Einschnitt in das Steilufer, der wie ein riesenhoher, schmaler Kanal aussieht; er dient ihr als Hafen, schleust durch die lange Durchfahrt zwischen seinen beiden steil abfallenden Felswänden die kleinen italienischen und sardischen Fischkutter bis zu den ersten Häusern der Stadt heran.«

Bonifacio, die südlichste Stadt Frankreichs, besteht aus zwei Teilen: der **Marina** (Hafengegend) und dem **Borgo Genovese**, dem Genuesenviertel zwischen den Festungsanlagen. Gegründet wurde die Stadt 828 von dem Toskaner Bonifacio zur Abwehr der Sarazenen. 1195 eroberten die Genuesen die Stadt, deportierten die Einwohner und siedelten Ligurer an (noch heute sprechen die Einwohner einen altertümlichen genuesischen Dialekt). 1420 beanspruchte Alfons V. von Aragon die Insel, 1528 dezimierte die Pest die Stadtbevölkerung. In den folgenden Jahrhunderten wechselte Bonifacio mehrfach den Besitzer. 1793 befehligte Napoleon als junger Offizier mehrere Monate lang die Besatzung der Festung. Heute haben die Eroberer des 21. Jh. – Tagesbesucher und Feriengäste, Segel- und Motorbootbesitzer – die Stadt eingenommen: Sie ist eines der teuersten und beliebtesten Zentren der Insel.

130 km südl. von Ajaccio

SEHENSWERTES

Altstadt

An den verfallenen, vier- bis fünfstöckigen Häusern der Altstadt überraschen an den schmalen Fassaden seltsame, die Gassen überspannende Strebebögen, die einst Teil eines Zisternensystems waren. Die verwinkelten Treppen und Gewölbe wirken wie ein Fluchtlabyrinth. Von der steinernen Brüstung der **Belvédère de la Manichella** hat man einen herrlichen Blick auf das Meer.

Escalier du Roi d'Aragon

Genau 187 Stufen, vom Meer zerfressen und von den Besuchern ausgetreten, führen vom Meer in die Oberstadt. Die »Treppen des Königs von Aragon« ließ Alfons V. von Aragon 1420 in einer Nacht in den weißen Steilfelsen schlagen, um die Belagerer zu überrumpeln. Vergeblich. Später, während der Besetzung des Hafens, dienten sie den Bewohnern als Fluchtweg.

Place Castello (an der Seebrüstung); Zutritt tgl. 9–20 Uhr (Juli/Aug.), sonst 11–17.30 Uhr (außer bei Regenwetter); Eintritt 2,50 €

Iles Lavezzi und Ile Cavallo

Ein Ausflug zu den »polierten Steinbergen« im Meer ist ein touristisches Muss: Wie Steinhaufen mitten im Meer, aufeinandergetürmte Granitblöcke, von den Winterstürmen poliert und rund geschliffen – so sehen die **Iles Lavezzi** von ferne aus, winzige Inseln von fremdartiger Schönheit, die zu dem kleinen Archipel in den Bouches de Bonifacio, der Meeresstraße, die Korsika von Sardinien trennt, gehören.

Saint-Dominique

Die gotische Kirche auf dem Areal der **Zitadelle** ist eine pisanische Gründung (Ende 12. Jh.) und gilt als wichtigstes gotisches Bauwerk der Insel. Im Kircheninnern stehen verschiedene polychrome Prozessionsfiguren aus

Holz, die am Karfreitag von den Mönchen der Ordensgemeinschaft durch die Stadt getragen werden.
Im Winter geschl.; Eintritt 2,50 €

Corte

5500 Einwohner

Bei einer Fahrt durch das Inselinnere trifft man immer wieder auf ursprüngliche Dörfer. Corte ist eines davon, das mit der historischen Eisenbahn auch ohne eigenes Fahrzeug bequem erreichbar ist.
80 km nordöstl. von Ajaccio

Spaziergang

Ausgangspunkt ist das **Palais National**, das aus genuesischer Zeit stammt. Wenige Schritte entfernt liegt die **Place Gaffori** mit dem Haus des korsischen Freiheitskämpfers Gianpietro Gaffori. An der Südseite erhebt sich der schlanke Glockenturm der **Eglise de l'Annonciation** mit dem lebensechten Wachsmodell des hl. Théophile, des Schutzpatrons der Stadt. Vorbei am Palais National führt der Weg zur **Citadelle**, der einzigen Festung im Landesinneren Korsikas.

Sartène

3200 Einwohner

Die terrassenförmig steil ansteigende, auf dem 305 m hohen Sporn des Monte Rosso liegende Stadt wurde von Prosper Merimée als »die korsischste Stadt Korsikas« bezeichnet, in der sich Brauchtum, Sitten und Tradition weitgehend erhalten haben.
80 km südl. von Ajaccio

Spaziergang

Von der **Place de la Libération**, der ehemaligen Place Porta, durch den Torbogen des ehemaligen genuesischen Gouverneurpalastes kommt man in die Altstadt. Das Viertel Santa Anna mit einem Ecktürmchen (Echauguette) aus dem 12. Jh. ist der letzte Rest der ehemaligen Stadtmauer. Zur Altstadt gehören die Viertel **Pitraghju** und **Manighedda**. Zu den schönsten Gassen und Plätzen zählen die **Rue Caramama**, die **Rue des Voûtes** mit ihren zahlreichen Gewölbebögen, die **Rue des Frères Bartoli** mit ihren engen, überwölbten Treppen, die **Place Maggiore**, die **Passage de Bradi** und die **Place Angelo Maria Chiappe**.

Ein Gewirr schmaler Gassen, gesäumt von hohen festungsartigen Häusern, düstere Höfe, überwölbte Bögen – in der Altstadt Sartènes fühlt man sich ins Mittelalter zurückversetzt.

Monaco

Casino und Formel 1 – das kleine Fürstentum präsentiert sich als weltläufiger Stadtstaat.

Das Casino von Monte Carlo, des berühmten Stadtteils von Monaco, ist eine der bekanntesten Spielbanken der Welt. Hier treffen sich die Schönen und Reichen, die Stars und Sternchen und versuchen ihr Glück bei Black Jack oder amerikanischem Roulette.

Monaco

32 000 Einwohner
Stadtplan → S. 142/143

Nur sechs Hubschrauberminuten oder 18 km von Nizza entfernt beginnt eine andere Welt. Das fürstliche Leben im zweitkleinsten europäischen Staat (nach dem Vatikanstaat) spielt sich meist hinter verschlossenen Türen ab. Im November 2005 war es anders. Drei Tage lang feierte Fürst Albert II mit seinem Volk das neue Amt, das ihm sein 2005 verstorbener Vater Rainier III nach 55-jähriger Herrschaft hinterlassen hat.

Seit 1861 ist das Fürstentum Monaco souverän, gab dafür Menton und Roquebrune an Frankreich ab, ist als **konstitutionelle Erbmonarchie** dem Nachbarland jedoch in Zoll-, Währungs- und Steuerfragen verbunden. Eigene Briefmarken hat es und eine eigene Telefonvorwahl (03 77), die im Land selbst aber nicht gewählt wird. Besucher brauchen etwas Fantasie, Ausdauer und Kreditkarten, um einen Abglanz dieses auf den ersten Blick so wenig märchenhaften **Steuerparadieses** zu erhaschen. Scharen gesichtsloser Hochhäuser türmen sich den Hang hinauf, Autos brausen eine verbaute Küste entlang. Man bewegt sich vertikal wie horizontal durch das Gebiet. Monacos Verkehrsfläche in mehreren Etagen ist zwölfmal so groß wie die eigentliche Grundfläche. Kostenlose Aufzüge bringen Fußgänger selbst zum höchstgelegenen Ort, dem **Jardin Exotique**.

SEHENSWERTES

Automobilausstellung (Collection de Voitures Anciennes)

→ S. 142, B 4

Seine Hoheit, Fürst Rainier, sammelte: Dion Bouton 1903, Bugatti 1929, Lamborghini Countach 1986, Rolls Royce 1952.

Esplanade Rainier III (Fontvieille); tgl. 10–18 Uhr; Eintritt 6 €

Casino

→ S. 143, E/F 1

Onyxsäulen, Fresken, Skulpturen und Uniformen im mit Marmor ausgelegten Atrium – so prunkvoll präsentiert sich das Casino. Dringt man weiter ein, wird's profan. Emsige Hausfrauen stapeln Chips neben eilig bediente Automaten, Männer starren Pferden auf Bildschirmen hinterher und haben keinen Blick für die schönen bunten Glasfenster, die allegorischen Malereien und Bronzeleuchter. Unter einem riesigen Spiegel werden junge Croupiers eingewiesen.

Pl. du Casino; tgl. ab 12 Uhr für alle ab 21 Jahren (Ausweiskontrolle!)

Cathédrale

→ S. 143, D 4

In der 1875 in romanisch-byzantinischem Stil aus weißen Turbie-Steinen erbauten Kirche versteckt sich eines der Hauptwerke von Louis Bréa, der **Retable de St-Nicolas**. Die meisten Besucher kommen wegen der **Fürstengräber**. Rainier III und seine Frau Gracia Patricia sind hier beigesetzt.

4, rue Colonel-Bellando-de-Castro; Sept.–Juni So 10 Uhr Messe mit den monegassischen Sängerknaben

Jardin Exotique

→ S. 142, A 4

Zwischen 7000 Euphorbien, lateinamerikanischen Kakteen, blickt man von den Felsenflanken über das Fürstentum auf das Meer. Rund 60 m tief im Gestein liegt die prähistorische Grotte des Observatoriums.

Bd. du Jardin (Moyenne Corniche); 15. Mai–15. Sept. tgl. 9–19, sonst bis 18 Uhr, Mitte Nov.–Ende Dez. geschl.; Eintritt 6,90 €

Monte Carlo Story

→ S. 143, E 3/4

»Monaco – der Film« zeigt in 35 Minuten die spannende Geschichte der Fürsten und Prinzessinnen von Monaco von 1297 bis heute. Er wird in einem Kinosaal im Parkhaus des Stadtfelsens vorgeführt.

Terrasses du Parking du Chemin des Pêcheurs; Jan.–Juni, Sept., Okt. tgl. 14, 15, 16, 17, Juli, Aug. auch 18 Uhr; Eintritt 7 €

Place du Palais → S. 142, C 4
Pünktlich um 11.55 Uhr klicken die Kameras zur **Wachablösung**. Wer den Blick wendet, hat eine traumhafte Sicht auf Hafen, Monte Carlo und Italien, über die Kanonen Ludwigs XIV. hinweg, und hinter der Pinienpromenade zum Stadtteil Fontvielle. Ganz zierlich, kleinteilig, alt und sehr, sehr gepflegt wirkt Monaco auf dem Felsen (»Rocher«). Flattert auf dem Turm Ste-Marie des fürstlichen Palais die Flagge, ist der Fürst zugegen.

Mit dem **Ehrenhof** – ca. 3 Mio. Kieselsteine wurden zu geometrischen Figuren gelegt – begann 1215 der Bau des Palastes (**Palais du Prince**) dort, wo einst eine Genuesenfestung stand. Man kann die Italienische Galerie, den blau-goldenen Salon Ludwigs XIV., den mit Arabesken geschmückten Salon Mazarin und den Thronsaal mit Renaissancekamin von Juni bis Oktober besichtigen.
April tgl. 10.30–18, Mai–Sept. 9.30–18.30, Okt. 10–17.30 Uhr; Eintritt 7 €

Museen

Musée Océanographique → S. 143, E 4
Fürst Albert I., selbst ein renommierter Meereswissenschaftler, weihte das Museum 1910 nach elfjähriger Bauzeit ein. Es besteht aus 100 000 t Gestein aus La Turbie. Die 85 m hohe Fassade überragt die Felsenküste, und Forschungslaboratorien reichen bis zum Meeresspiegel. In den imposanten Sälen sind eindrucksvolle Sammlungen, die Albert I. seinerzeit höchstselbst zusammengetragen hat, sowie Modelle der Forschungsschiffe zu sehen. Im Tiefgeschoss tummeln sich in 90 Becken Fische aus allen Meeren der Erde.
Av. St-Martin; April–Juni und Sept. tgl. 9–19, Juli, Aug. 9–20, Okt.–März 10–18 Uhr; Eintritt 12,50 €, Kinder 6 €

MERIAN-Tipp

5 Café de Paris

Hier muss man sitzen, denn hier sitzen alle. Vielleicht auch Boris Becker oder Jean-Paul Belmondo. Auf jeden Fall sieht man viel Fallschirmseide und Fotoapparate. Manche blicken vorher auf die Karte, es ist auch nicht teurer als anderswo, also kann man durchaus einen Kaffee bestellen. Hinter den Nobelschlitten gegenüber ist der Eingang ins weltberühmte Casino.
Pl. du Casino, Monte Carlo;
tgl. 11.30–1 Uhr → S. 143, E 1

Essen und Trinken

Le Castelroc → S. 142, C 4
Monegassische Küche gegenüber dem Fürstenpalais. Immer voll, Reservierung empfohlen.
Place du palais; Tel. 03 77/93 30 36 68; Sa und Jan. geschl. ●●●

Polpetta → S. 143, D 1
Rustikale Trattoria, in der neben hervorragenden Antipasti hausgemachte Pasta und ein traumhaftes Meeresfrüchterisotto serviert werden.
6, av. de Roqueville; Tel. 03 77/ 93 50 67 84; Di und Sa mittags geschl. ●●●

Quai des Artistes → S. 143, D 3
Hübsche Brasserie am Hafen mit Terrasse, herrlichem Blick und preisgünstigen Menüs.
2, quai Antoine 1er; Tel. 03 77/97 97 97 77 ●

Einkaufen

Einkaufsstraßen gibt es im Hôtel Hermitage, in Monaco-Ville (→ S. 142/143, E 3/4), in La Condamine in der Rue Grimaldi (B/C 3) und der Rue Princesse Caroline (C 3) in der Fußgängerzone. In Monte Carlo kann man im Shopping Centre Commercial Le Métropole, Av. de la Madone (nördl. E 1) shoppen, ebenso in der Galerie du Park, Bvd. des Moulins (nördl. E 1), in der Av. des Beaux-Arts, am Bvd. Italie und in der Av. Princesse Grace.

SERVICE

Auskunft

Office du Tourisme

→ S. 143, nördl. E 1

2A, bd. des Moulins, Monte Carlo, 98030 Principauté de Monaco Cedex; Tel. 0 03 77/92 16 61 16; www.monaco-tourisme.com

Ausflüge

Èze

2700 Einwohner

Mauern aus dem 17. Jh. umgeben das winzige **Èze-Village** an der mittleren Corniche, das auf 427 m Höhe von einer Burgruine und einem exotischen Garten gekrönt wird. Boutiquen und Souvenirläden säumen die engen Gassen bis hinauf zum **Château Eza**, wo freundliches Personal eines hervorragenden Restaurants die Gäste bedient (Tel. 04 93 41 12 24; Di und Mi geschl. ●●●). Über den **Friedrich-Nietzsche-Weg** (der Philosoph soll hier 1884 den dritten Teil seines Meisterwerkes »Also sprach Zarathustra« entworfen haben) klettert man in einer guten Stunde hinunter nach **Èze-Bord-de-Mer.**

10 km westl. von Monaco

Menton

30 000 Einwohner

Das bunte Städtchen zieht sich an einem steilen Hang hinauf. An der Barockkirche **Saint-Michel**, deren Vorplatz das Grimaldi-Wappen schmückt, halten Besucher erleichtert zum Luftholen an. Kein Problem bei dem Blick: erst einmal – natürlich – das Meer, die **Promenade du Soleil**, der Hafen hinter dem **Cocteau-Museum**, links die ausgedehnten Sandstrände und dann, kaum zu ahnen, der wirkliche Reichtum der Stadt ohne Betonsilos: die **Gärten**, üppig und ohne Zahl.

10 km östl. von Monaco

SEHENSWERTES

Gärten

Eine Fülle wunderschöner Gärten haben im 19. Jh. begüterte Engländer in und um Menton angelegt. Hier fanden sie das Klima, das Gewächshäuser überflüssig und aus Menton die wichtigste Gartenstadt der gesamten Küste machte. Da nicht alle Gartenanlagen immer geöffnet sind und manche nur mit Führung besichtigt werden können, empfiehlt sich ein Besuch bei der **Maison du Patrimoine**, (5, rue Ciapetta; Tel. 04 92 10 33 66), wo ein hervorragender Führer erhältlich ist.

Hôtel de Ville

Den ungewöhnlichen **Hochzeitssaal** hat Jean Cocteau 1957/1958 gestaltet: eine Inszenierung in Gelb und Gold, in der Fischer und Zitronenpflückerin unter der Sonne in einem Pinselstrich verbunden sind.

Pl. Ardoino; Mo–Fr 8.30–12.30 und 13.30–17 Uhr; Eintritt 1,50 €

Jardin Botanique Exotique de Val Rahmeh

Von Lord Radcliff, Gouverneur Maltas, am Ende des 19. Jh. in spanisch-maurischem Stil angelegt. Hier wächst das einzige Exemplar der »Sophora Toromino«, des mystischen Baumes der Osterinseln.

Av. St-Jacques; April–Sept. 10–12.30 und 15.30–18, sonst 14–17 Uhr; Eintritt 5 €

Jardin de Maria Serena

Die Villa hat der Architekt der Pariser Oper, Charles Garnier, 1880 für Ferdinand Lesseps, den Konstrukteur des Suezkanals, entworfen.

21, promenade Reine-Astrid (nur mit Führung) Di 10 Uhr; Eintritt 5 €

La Serre de la Madone

In diesen traumhaft verwilderten Gartenterrassen fühlt man sich wie in eine andere Zeit versetzt.

74, route de Gorbio (Bus Nr. 7); April–Okt. 10–18, Dez.–März 10–17 Uhr, Führung Di und Fr 15 Uhr; Eintritt 8 €

Italien

Das Land, wo die Zitronen blühen, ist eines der beliebtesten Urlaubsziele in Europa.

Das mächtige Halbrund der Domkuppel und der hoch aufragende Campanile prägen das Stadtbild von Florenz (→ S. 76), der toskanischen Kunst- und Kulturmetropole, die als Wiege urbaner Zivilisation gilt.

Bella Italia – längst haben wir dieses zauberhafte Land in unser Herz geschlossen. Neben wunderschönen Landschaften und einzigartigen Stränden locken vor allem Überreste antiker Tempel und geschichtsträchtige Burgen und Kirchen. Dazu kommen Kunst und Kultur, das herrliche Essen und die überbordende Lebensfreude – »dolce vita« eben ...

Savona

67 500 Einwohner

Aufgrund seines schönen Naturhafens war Savona, dessen Name sich von den ligurischen Sabatern ableitet, bereits vor mehr als 2000 Jahren ein prosperierender Handelsort. Fatalerweise verbündeten sich die Sabater im Zweiten Punischen Krieg aber mit dem am Ende des Krieges unterlegenen Karthago, weswegen die Römer zur Strafe das benachbarte Vado förderten. Erst im 11. Jh. konnte sich Savona wieder aus dem Schatten Vados lösen und sich in der Folgezeit als politisch unabhängige Seemacht etablieren.

Heutzutage lebt das Städtchen von der Stahl- und Eisenindustrie und von seinem Hafen. Der Tourismus spielt nur eine untergeordnete Rolle.

Spaziergang

Ausgangspunkt des Spaziergangs ist die wuchtige **Priamar-Festung**, die alle drei Savoner Museen beherbergt. Sie ist nach dem felsigen Hügel **Pietra sul Mar** (Stein über dem Meer) benannt, auf dem sie errichtet wurde. Direkt gegenüber werden im **Mercato Coperto**, der städtischen Markthalle, jeden Morgen frisches Gemüse und Obst sowie der Fischfang der letzten Nacht feilgeboten. Vor einer weiteren Erkundung der historischen Altstadt bietet sich ein Spaziergang entlang dem **Corso Italia** und der **Via Paleocapa** an, zwei eleganten Flaniermeilen, die von zahlreichen Boutiquen gesäumt werden. Die breite Via Paleocapa, die mit ihren hohen Laubengängen an piemontesische Städte erinnert, führt zum Hafen hinunter. Nun steht ein kurzer Bummel durch die Altstadt auf dem Programm, die – bis heute noch sichtbar – von den Zerstörungen des Zweiten Weltkriegs geprägt ist. In manchen Gassen, wie in der von der Via Paleocapa abzweigenden Via Quadra Superiore, sind einige der mächtigen Geschlechtertürme erhalten, ein Großteil fiel aber den Bomben der Alliierten zum Opfer. Inmitten der Altstadt befindet sich auch der **Duomo Santa Maria Assunta**, das größte und schönste Gotteshaus der Stadt.

Sehenswertes

Duomo Santa Maria Assunta

Die frühbarocke Basilika wurde gegen Ende des 16. Jh. von Battista Sormano als Ersatz für den von den Genuesern in der Oberstadt abgebrochenen Dom errichtet. Die breitgelagerte neobarocke Fassade sowie die Ausstattung des dreischiffigen Innenraums sind eine Beigabe des 19. Jh. Die wertvollsten Kunstschätze werden im **Domschatzmuseum** ausgestellt, das vom Chor aus zugänglich ist. Vom nördlichen Seitenschiff gelangt man in einen Kreuzgang, der auf ein älteres Franziskanerkonvent zurückgeht. An den Dom schließt sich auch die nur Samstag nachmittag geöffnete **Cappella Sistina** an; sie wurde von Papst Sixtus IV. als Grabkapelle für seine Eltern in Auftrag gegeben, später aber im Rokokostil neu ausgeschmückt.

Museen

Museo Archeologico

Das archäologische Museum gewährt einen Einblick in die bewegte Vergangenheit von Savona. Gezeigt werden Funde der Ausgrabungen auf dem Priamar-Hügel, römische Bodenmosaike und Sarkophage.

Priamar, Corso Mazzini 1; Di–Sa 10–12 und 15–17, So 15–17 Uhr; Eintritt 2,50 €

Museo d'Arte Sandro Pertini
Das von dem ehemaligen italienischen Staatspräsidenten Sandro Pertini gegründete Museum zeigt hauptsächlich moderne und zeitgenössische italienische Kunst.
Priamar, Corso Mazzini 1; Sa, So 10–12 Uhr; Eintritt 2,50 €

Essen und Trinken

Bacco
Die im Hafenviertel gelegene Osteria bietet vorzügliche Fischgerichte. Eine Speisekarte gibt es nicht, dafür verkündet der urige Wirt Francesco Doberti mit seinem dröhnenden Bass das aktuelle Angebot.
Via Quadra Superiore 17; Tel. 0 19/8 33 53 50; So geschl. ••

Service

Auskunft
IAT
Via Guidobono 125r; Tel. 0 19/8 40 23 21

Ausflug

Albenga

22 000 Einwohner

Eine Besichtigung von Albenga markiert zweifellos einen kulturhistorischen Höhepunkt eines Aufenthalts an der Riviera di Ponente. Die Stadt ist schon von Weitem sichtbar, denn sie wird von gotischen Geschlechtertürmen überragt – steinernen Symbolen adeliger Abkunft und gesellschaftlicher Macht.
46 km südwestl. von Savona

Sehenswertes

Duomo San Michele
Der heutige Dom entstand um 1270 anstelle einer frühchristlichen Basilika unter Verwendung von Teilen eines romanischen Vorgängerbaus. Die späteren barocken Veränderungen wurden bis auf das Portal bei einer umfangreichen Restaurierung in den Sechzigerjahren des 20. Jh. weitgehend entfernt. Das Äußere der Kathedrale begeistert durch seinen herrlich proportionierten gotischen Backsteinturm, im Inneren präsentiert sich die dreischiffige Bischofskirche als weitgehend frühgotischer Bau, die Krypta stammt noch aus karolingischer Zeit.

Baptisterium
Das **Baptisterium** ist mit seinem spätantiken Mosaik das bedeutendste frühchristliche Bauwerk Liguriens. Die Sorgfalt, mit der der Bau dieser Taufkapelle betrieben wurde, zeugt von der Bedeutung, die die christliche Glaubensgemeinschaft diesem Initiationsritus bereits im frühen 5. Jh. beigemessen hat. Der im Inneren oktogonale Grundriss sorgt für eine harmonische Raumwirkung; im Zentrum des Baptisteriums befindet sich das romanische Taufbecken. Von herausragender kunsthistorischer Bedeutung ist das in Blau und Gold gehaltene byzantinische Wandmosaik an einer Nische im Nordwesten der Taufkapelle: Zwölf Tauben umrahmen ein Monogramm Christi.
Via B. Ricci; Di–So 10–12.30 und 15–18 Uhr; Eintritt 3 €

Zuccarello

300 Einwohner

Das im Tal der Neva gelegene Dorf ist ein sehr schönes Beispiel für einen spätmittelalterlichen Borgo. Die Häuser schmiegen sich so eng aneinander, dass sie nach außen hin einer Stadtmauer gleichen. Zwei wuchtige Stadttore bilden den einzigen Zugang zu der Hauptgasse, die an beiden Seiten von Laubengängen gesäumt wird. Einzig in der Dorfmitte, nahe der barockisierten Pfarrkirche **San Bartolomeo**, verbreitert sich die Gasse ein wenig. Überragt wird Zuccarello von den Ruinen eines **Castello** aus dem 13. Jh.
36 km südwestl. von Savona

Genua

780 000 Einwohner

Platz ist seit jeher knapp in Genua: Die Stadt erstreckt sich auf einem unregelmäßigen, zum Meer hin abfallenden Hang. Die Straßen und Gassen sind steil, Treppen, Aufzüge und Zahnradbahnen prägen das Stadtbild, Autofahrer werden über ein ausgeklügeltes System von Brücken und Tunnels durch die Metropole geleitet. Genua besitzt einen sehr gut erhaltenen historischen Stadtkern, der 2006 von der UNESCO zum Weltkulturerbe erklärt wurde.

Spaziergang

Los geht es an der **Porta dei Vacca**, einem noch aus der Stauferzeit stammenden Stadttor. Über die **Via del Campo** und die **Via San Siro** gelangt man in die **Via Garibaldi**, die berühmte, im 16. Jh. angelegte Prachtstraße Genuas. Im imposanten **Palazzo Doria-Tursi** befindet sich das Rathaus, während im **Palazzo Bianco** sowie im **Palazzo Rosso** Gemäldegalerien untergebracht sind. Über die **Piazza delle Fontane Marose** und die **Via XXV Aprile** geht es hinunter zur **Piazza de Ferrari**, dem 1875 angelegten Verkehrsknotenpunkt der Altstadt. Optisch wird der Platz von dem kubusförmigen Bühnenturm des Opernhauses **Teatro Carlo Felice** dominiert, das 1991 nach Plänen des Stararchitekten Aldo Rossi errichtet wurde. Ebenfalls an die Piazza de Ferrari grenzt der **Palazzo Ducale**. Nach Osten zweigt die Via XX Settembre ab, eine elegante Flaniermeile mit Geschäften, Galerien und Cafés. Die kurze Via Dante führt zum **Haus von Christoph Kolumbus**, in dem der Seefahrer seine Kindheit verbracht haben soll, und der zinnenbekrönten **Porta Soprana**, dem zweiten noch erhaltenen Stadttor aus der Stauferzeit. Durch die Porta Soprana hindurch gelangt man über die **Via San Bernardo** zur etwas erhöht gelegenen **Piazza Embriaci**, an der sich ein mittelalterliches Kleinod, das Kloster **Santa Maria di Castello**, befindet. Schräg gegenüber ragt der **Torre degli Embriaci** gen Himmel. Der 53 m große Turm ist der einzige Geschlechterturm Genuas, der noch in voller Höhe erhalten ist. Nun ist es Zeit für einen Besuch des **Duomo San Lorenzo**, dessen gotisches Hauptportal von zwei steinernen Löwen bewacht wird.

Einst ein kleines Fischernest, hat sich Portofino (→ S. 73) in Jetset-Kreisen zum beliebten Treffpunkt an der ligurischen Küste entwickelt.

Sehenswertes

Duomo San Lorenzo

Der dem hl. Lorenz geweihte Dom ist Genuas schönstes und mit einer Länge von über 100 m auch größtes Gotteshaus. Das feingliedrige Portal der Bischofskirche erinnert an nordfranzösische Kathedralen, die dem Baumeister als Vorbild dienten. Die in weißem Marmor und schwarzem Schiefer gehaltene Fassade ist hingegen unverkennbares Merkmal ligurischer Gotteshäuser. Besonders prächtig ausgestattet ist die **Cappella di San Giovanni Battista** im linken Seitenschiff: Dort ruhen seit 1098 die von genuesischen Kaufleuten aus dem Heiligen Land mitgebrachten Reliquien Johannes des Täufers. Von der benachbarten Cybo-Kapelle gelangt man in das **Museo del Tesoro**. Das Domschatzmuseum (Mo–Sa 9.30–11.30 und 15–17.30 Uhr) beherbergt neben zahlreichen liturgischen Gegenständen und Messgewändern auch wertvolle Reliquien. Kostbarstes Exponat ist eine orientalische Glasschüssel, die der christlichen Legende zufolge von Jesus beim Letzten Abendmahl benutzt worden sein soll; in Wirklichkeit ist die smaragdgrüne Schüssel aber höchstens 1250 Jahre alt.

Piazza San Lorenzo

Righi

Der am nördlichen Stadtrand von Genua gelegene, 302 m hohe Hügel ist mit der Zahnradbahn (»funicolare«) leicht zu erreichen und bietet eine schöne Aussicht auf die Altstadt und den Hafen.

Abfahrt: Largo della Zecca

Santa Maria di Castello

Die auf dem Castello-Hügel stehende Marienkirche gehört zu den bedeutsamsten Sakralbauten der Stadt. Die Kirche wurde von den Dominikanern, die hier 1442 ein Kloster gründeten, durch ein neues Kreuzrippengewölbe den zeitgenössischen Architekturvorstellungen angepasst. Durch die sich am Ende des rechten Seitenschiffes anschließende Sakristei gelangt man in den Klosterkomplex. Eine Treppe führt zur **Loggia dell'Annunciazione**, die sich zu einem von insgesamt vier Kreuzgängen öffnet und vollkommen im Stil der Renaissance ausgemalt ist; herausragend ist das Verkündigungsfresko von Justus von Ravensburg.

Tgl. 9–12 und 15.30–18 Uhr

Museen

Galata Museo del Mare

Genua verdankte seine Macht und seinen Reichtum in erster Linie seiner stolzen Flotte. Ein Besuch des Seefahrtsmuseums ist daher Pflicht. Das Spektrum des Museums reicht vom Thema Schiffbau über die Nachbildung einer Hafengasse des 19. Jh. bis zu den vornehmen Räumlichkeiten eines nostalgischen Luxusliners.

www.galatamuseodelmare.it;
Di–So 10–19.30 Uhr; Eintritt 10 €

Galleria Nazionale di Palazzo Spinola

Die in einem alten Patrizierpalast untergebrachte Nationalgalerie zeigt Gemälde von Antonello da Messina, Peter Paul Rubens, Joos van Cleve und Anton van Dyck. Mindestens genauso sehenswert ist aber die Einrichtung des Palazzo.

Piazza di Pellicceria 1; Di–Sa 8.30–19.30, So 13.30–19.30 Uhr; Eintritt 4 €

Palazzo Rosso

Die wohl bedeutendste Gemäldegalerie Genuas befindet sich in einem der stattlichen Adelspaläste der Via Garibaldi. Der nach seiner roten Fassade benannte Palast widmet sich den großen europäischen Meistern. Zum Fundus des Museums gehören Werke von Tizian, Veronese, Tintoretto, Caravaggio und Pisanello; herausragend ist Albrecht Dürers »Bildnis eines Jünglings«.

Via Garibaldi 18; Di–Fr 9–19, Sa, So 10–19 Uhr; Eintritt 7 €

Essen und Trinken

Trattoria Fulvio

Die einfache Trattoria an der Piazza delle Erbe gehört zu den wenigen Restaurants mit netter Straßenterrasse.

Piazza delle Erbe 8/r;
Tel. 0 10/2 51 38 86

Einkaufen

Drogheria Torielli

Traditionsreicher Familienbetrieb, in dem Köstlichkeiten wie Pistazien aus Aleppo, hausgeröstete Nüsse sowie mit Schokolade überzogene kandierte Früchte verkauft werden.

Via San Bernado 32

Service

Auskunft

APT – Agenzia per il Turismo

Via Roma 11, 16121 Genova;
Tel. 0 10/57 67 91; www.apt.genova.it

Ausflug

Portofino

500 Einwohner

Portofino »ist einer der schönsten Plätze an dieser Küste – vorsichtig ausgedrückt: denn wahrscheinlich ist es wirklich der allerschönste«. Dieser Lobeshymne von Klaus und Erika Mann kann man zweifellos auch heute noch zustimmen. Allerdings lässt sich ein weiterer Superlativ hinzufügen: Portofino ist mit Sicherheit auch einer der teuersten Plätze an der ligurischen Riviera, wenn nicht der teuerste, denn das hübsche ehemalige Fischernest gilt als »in«. Von Portofinos Beliebtheit in Jetset-Kreisen profitieren auch die Normalsterblichen: Nirgendwo sonst in Ligurien lässt sich das allabendliche Spektakel des Sehens und Gesehenwerdens besser miterleben als in den Cafés und Restaurants entlang der Mole und auf der zum Meer geneigten **Piazzetta** von Portofino.

36 km östl. von Genua

Sehenswertes

Castello di San Giorgio

Vom Hafen führt ein Treppenweg in zehn Minuten hinauf zum Castello di San Giorgio, das der deutsche Sektbaron Alfons von Mumm vor 100 Jahren zur Gartenvilla umbauen ließ. Es befindet sich leider in keinem guten Zustand, dafür entschädigt der Blick vom Garten hinunter auf den Hafen.

Tgl. 10–18, im Winter 10–17 Uhr;
Eintritt frei

Essen und Trinken

La Stella

Hübsches Restaurant in exponierter Lage am Hafenkai.

Molo Umberto 1; Tel. 01 85/26 90 07;
Mi sowie Jan. und Feb. geschl. ●●●

San Fruttuoso

Wenn ein Ort in Ligurien das Attribut »idyllisch« verdient, dann das in einer kleinen, tief eingeschnittenen Bucht gelegene Kloster San Fruttuoso. Vollkommen abgeschieden, nur vom Meer aus oder durch einen zweistündigen Fußmarsch zu erreichen, könnte die Abtei mit ihren gotischen Fenstern und dem grazilen Wachturm jederzeit als Hollywoodkulisse für ein mittelalterliches Klostermelodram dienen. Der Legende zufolge gründete der spanische Bischof Prosperus 713 das Benediktinerkloster, nachdem er die Iberische Halbinsel mit den Gebeinen des hl. Fructuosus auf der Flucht vor den maurischen Eroberern verlassen hatte. Doch auch im vermeintlich sicheren Ligurien war den Mönchen keine Ruhe vergönnt: 984 wurde das Kloster von Sarazenen zerstört. Aber schon nach wenigen Jahren erfolgte der glanzvolle Wiederaufbau der Abtei, die später in die Abhängigkeit der Genueser Familie Doria geriet. Zum Schutz des Klosters ließ Andrea Doria 1550 einen Wehrturm, die **Torre dei Doria**, errichten.

30 km östl. von Genua

Livorno

170 000 Einwohner

Livorno ist schon seit dem ausgehenden 18. Jh. eine der größten Städte der Toskana. Lange Zeit war sie der Hafen von Pisa, wurde 1405 von den Genuesern übernommen und 1421 an Florenz verkauft. Durch große Investitionen im 16. Jh. entstand eine völlig neue, planmäßige Stadtanlage: ein »Amsterdam der Toskana«. Mit der **Fortezza Nuova** bildet die heutige Altstadt eine vom **Fosso Reale** umflossene Insel. Der »toskanische Impressionismus« (Macchiaioli) ist im **Museo Giovanni Fattori** (Via San Jacopo in Acquaviva/Villa Mimbelli; tgl. außer Mo 10–13, 16–19 Uhr) zu besichtigen.

Essen und Trinken

Trattoria Il Sottomarino

Nach einem Spaziergang sollten Sie unbedingt Livornos Spezialität probieren: »cacciucco« – die üppige Fischsuppe, natürlich mit einem Roten!

Via Terrazzini 48; Tel. 05 86 88 70 25; Mo, Di und im Juli geschl. •

Service

Auskunft

APT– Agenzia per il Turismo Costa degli Etruschi

Piazza del Municipio; Tel. 05 86 20 46 11; www.costadeglietruschi.it

Ausflug

Pisa

90 740 Einwohner

Pisa ist eine bedeutende Universitätsstadt (25 000 Studenten), die neben dem Tourismus von der Industrie und dem Handel lebt. **Sant' Andrea, San Martino, Borgo Stretto** und **Borgo Largo** zählen mit ihren schmalen Gassen und engen Plätzen zu den traditionsreichsten Stadtteilen Pisas. Die Hauptattraktionen sind natürlich der Schiefe Turm und der Platz, auf dem er steht: der grüne **Campo dei Miracoli** mit seinen hellen Marmorbauten.

23 km nordöstl. von Livorno

Spaziergang

Der Bummel beginnt auf einer einst mit Läden überbauten Brücke, dem **Ponte di Mezzo**. Im Süden an der **Piazza XX Settembre** stehen der **Palazzo Gambacorti**, das heutige Rathaus (14. Jh.), und die **Logge di Banchi** (1603), unter denen am zweiten Wochenende im Monat der traditionelle Kunst- und Handwerksmarkt stattfindet. Nach dem Überqueren der Brücke schaut man durch die **Via Rigattieri** in die **Via delle belle Torri** mit mittelalterlichen Turmhäusern. Wendet man sich westlich an den Arkaden in den ältesten Teil der Altstadt, kommt man zur **Piazza Vettovaglie** und zur **Piazza Sant'Omobono**, dem belebten Marktviertel. Über die **Piazza Donati** gelangt man zur **Piazza dei Cavalieri** mit der Kirche **Santo Stefano d. C.** (1565–1569), dem **Palazzo dei Cavalieri** (ehemals degli Anziani) und dem **Palazzo dell'Orologio**. Er verbindet zwei Turmhäuser, das Staatsgefängnis und den Hungerturm. Der Spaziergang endet auf der **Piazza Cavalotti** mit dem ältesten Botanischen Garten der Welt; er wurde 1543 von dem Arzt Luca Ghini gegründet.

Sehenswertes

Battistero

30 Jahre nach Fertigstellung des Doms begann Diotisalvi 1153 mit dem Bau des Baptisteriums. Nicola und Giovanni Pisano setzten das Werk fort und schmückten den Rundbau und seine vier Portale mit einem gotischen Arkadenumgang und maßwerkverzierten Rundbogenfenstern, über denen die Pyramidalkuppel aufragt. Im Inneren der größten Taufkirche der Christenheit ist eine sechseckige Kanzel von Nicola Pisano (1260) zu bewundern.

Nov.–Feb. tgl. 10–17, März 9–18/19, April–Sept. 10–20, Okt. 10–19 Uhr; Eintritt 5 €

Bereits kurz nach Baubeginn geriet er in Schräglage: der Schiefe Turm von Pisa. Nach Sanierungsarbeiten ist das Wahrzeichen Pisas immer noch schief, aber stabil.

Duomo Santa Maria Assunta
Das Meisterwerk italienischer Baukunst wurde 1063 nach dem Sieg über die Araber bei Palermo begonnen. Der monumentale Dom konnte bereits im Jahr 1118 von Papst Gelasius II. geweiht werden. Die Bronzeflügel der San-Ranieri-Pforte stammen von Bonanus (1180). Giovanni Pisano schuf die Skulpturen am Außenbau, die reliefgeschmückte Kanzel im Inneren (1302–1311) und für die Sacrestia dei Cappellani die Madonnenstatue aus Elfenbein (1299), die heute im **Dommuseum** (die Öffnungszeiten entsprechen denen des Battistero) zu bewundern ist.
Nov.–Feb. tgl. 10–13 und 14–17, März 9–18/19/20, April–Sept. 10–20, Okt. 9–19, So, Fei ab 13 Uhr; Eintritt 2 €

Santa Maria della Spina
Begonnen um 1333, wurde das kleine Kirchlein 1871 abgetragen und an höherer Stelle des Flussufers wieder aufgebaut: ein Architektur gewordener gotischer Reliquienschrein für die »spina«, den Dorn der Christuskrone, der heute im Ospedale Santa Chiara aufbewahrt wird.
Lungarno Gambacorti

Torre pendente (Schiefer Turm)
Alles wieder im Lot? Die charakteristische Schieflage des 55 m hohen Wahrzeichens von Pisa auf dem Campo dei Miracoli hat nach dem Geraderücken von 40,6 cm nichts von seiner Attraktivität verloren. Schief bleibt er, ist aber erst mal für die nächsten 300 Jahre gerettet. Besucher können nun wieder im 40-Minuten-Takt die so lange versperrten 293 Stufen hinaufsteigen.
Infos: Opera Primaziale Pisana, Piazza del Duomo 17; Tel. 0 50 56 05 47; www.opa.pisa.it; Nov.–Feb. tgl. 10–17, 25. Dez.–7. Jan. 9–18, März 9–18/19/20.30, April–Sept. 8.30–20.30, ab 17. Juni bis 23. Okt. 9–19 Uhr; Eintritt 15 €, Vorausbuchung 17 €

MUSEEN

Museo Nazionale di San Matteo
Das Museum, untergebracht im ehemaligen Benediktinerkloster, birgt eine bedeutende Sammlung toskanischer und pisanischer Malerei und Skulpturen. Zu sehen sind etwa Werke von Simone Martini, Nino Pisano, Masaccio und Gentile da Fabriano.
Lungarno Mediceo; Di–Sa 8.30–19, So, Fei 8.30–13/13.30 Uhr; Eintritt 5 €

Essen und Trinken

Da Bruno

Seit 37 Jahren servieren Piero Cei und seine Frau Graziella in ihrem historischen Lokal gutbürgerliche Gerichte.

Via Luigi Bianchi 12, Porta a Lucca; Tel. 0 50 56 08 18; Mo abends, Di und die letzte Woche im Juli geschl. ●

Service

Auskunft

APT – Agenzia per il Turismo di Pisa

Galleria Gerace 14, c/o Centro Forum, 56124 Pisa; Tel. 050 92 97 77; www.pisaturismo.it

Florenz

365 000 Einwohner

Stadtplan → S. 144/145

Die Orientierung ist leicht: So gut wie alle Sehenswürdigkeiten lassen sich erlaufen. Die Rede ist vom historischen Florenz, jenem Teil der Stadt, der vor über 650 Jahren von dem zwischen 1284 und 1333 erbauten Mauerring umschlossen wurde. Das mittelalterliche Florenz mit seinen Stadtteilen **Santo Spirito** und **San Frediano** südlich des Arno hat auf der anderen Seite des Flusses seine eigentliche Mitte. Übrigens: Ein Drittel aller Kunstschätze Italiens befindet sich in Florenz und seiner Umgebung.

90 km östl. von Livorno

Spaziergang

Vom belebten Platz zwischen Baptisterium und Dom, dem geistlichen Zentrum der Stadt, zur **Piazza della Signoria**, ihrem weltlichen, gelangt man über die Via de' Calzaioli. Die erste Gasse führt links in die Via delle Oche; die Straße stößt weiter unten auf den **Corso**. Man überquert ihn und kommt über die Via Santa Margherita zur Via Dante Alighieri mit der **Casa Dante** und der imposanten **Torre della Castagna**. Ihr gegenüber steht die kleine Kirche **San Martino** mit herrlichen Fresken (15. Jh.).

An der Piazza de'Cimatori geht man linker Hand in die Via dei Cerchi, bevor man rechts über die Via dei Cimatori (Verkaufsstand mit offenem Wein und leckeren Crostini) auf die Via de' Calzaioli stößt. Man überquert sie und läuft die Via de' Lamberti am mächtig aufragenden Bau des **Orsanmichele** entlang zur Via Pellicceria. Hier biegt man rechts zur **Piazza della Repubblica** ab. Unter den Arkaden an der Post vorbei geht es links in die Via degli Strozzi zum gleichnamigen **Renaissancepalast** (1489) der Familie Strozzi. An der Ecke zur eleganten **Via de' Tornabuoni**, in die man links hinuntergeht, liegt schräg gegenüber in der Via Spada das ausgezeichnete **Caffè Giocosa**. Vor der Colonna della Giustizia und dem wuchtigen Palazzo Spini-Feroni geht man links in die **Via della Porta Rossa**. Wo sie sich zu einem Platz öffnet, steht an ihrer rechten Seite der schöne **Palazzo Davanzati** aus dem Trecento (14. Jh.). Vorbei an der Loggia des **Mercato Nuovo** erreicht man wieder die Via de' Calzaioli, die rechter Hand in die **Piazza della Signoria** mündet.

Sehenswertes

Battistero San Giovanni

→ S. 144/145, C/D 2

Die achteckige Taufkirche, die dem Schutzpatron von Florenz geweiht ist, erhielt ihre heutige Gestalt im 11. bis 13. Jh. Ihre drei Bronzetüren sind weltberühmt. Im Innern sind die Mosaikarbeiten der Kuppel und Apsis mit dem Jüngsten Gericht und dem Weltenherrscher Christus Werke der byzantinisch-venezianischen Mosaikschule des 13./14. Jh.

Tgl. 12/12.30–18.30/19, So, Fei 8.30– 13.30/14, 1. Sa im Monat 8.30–14 Uhr; Eintritt 3 €

Duomo Santa Maria del Fiore

→ S. 145, D 2

Der Dom wurde 1284 unter dem Baumeister Arnolfo di Cambio begonnen. Erst 1436 konnte der monumentale

Bau von Papst Eugen VI. geweiht werden. Später wurden auch Giotto (Campanile, 1334–1337) und Filippo Brunelleschi (Domkuppel, 1418–1436) berufen. Die dreischiffige Basilika ist die viertgrößte Kirche der Welt. Die Kuppel wurde von Vasari und Zuccari im 16. Jh. mit Darstellungen zum »Jüngsten Gericht« ausgemalt.
Mo–Fr 10–17, So, Fei 13.30–16.45, Do 10–15.30, Sa 10–16.45, am 1. Sa im Monat bis 15.30 Uhr

Ponte Vecchio → S. 144, C 3
Die Brücken von Florenz verbinden das Stadtzentrum mit Oltrarno und seinen Vierteln Santo Spirito und San Frediano. Besonders prächtig ist der 1345 errichtete Ponte Vecchio mit seinen Verkaufsläden.

Santa Croce → S. 145, E 3
Die Ordenskirche der Franziskaner (1294–1385) ist aufgrund ihrer architektonischen Eleganz und ihres Reichtums an Kunstschätzen ein Erlebnis. Meisterwerke sind Giottos Fresken in der **Cappella Peruzzi** und **Cappella Bardi** sowie Grabmale bedeutender Söhne der Stadt wie Michelangelo, Machiavelli und Rossini.
Piazza Santa Croce 16; Kirche und Museum tgl. 9.30–17.30, So, Fei 13–17.30 Uhr; Eintritt mit Museum 5 €

Museen

Bargello → S. 145, D 2
Im Nationalmuseum stehen Skulpturen Florentiner Bildhauer des 16. Jh. Drei Meisterwerke Michelangelos sind zu bewundern: der trunkene Bacchus (1497), das Pitti-Tondo (1504) und die Büste des Brutus (1530). Beachtenswert sind auch die Werke Cellinis und Giambolognas. Im großen Saal des **Consiglio Generale** befinden sich u. a. die Marmorstatue des hl. Georg (1416) und des David (1408–1409) von Donatello.
Via del Proconsolo 4; tgl. 8.15–13.50 Uhr, 1., 3. und 5. So sowie 2. und 4. Mo im Monat geschl.; Eintritt 4 €

Galleria dell'Accademia → S. 145, E 1
Hier steht seit 1882 das Original der berühmtesten Statue von Florenz: Michelangelos **David**, der sich seit 1504 vor dem Palazzo Vecchio befunden hatte. Zu sehen sind auch vier unvollendete Sklaven-Statuen sowie der »Hl. Matthäus« und die »Pietà di Palestrina« von Michelangelo.
Via Ricasoli 60; tgl. außer Mo 8.15–18.50 Uhr; Eintritt 6,50 €

Galleria degli Uffizi → S. 145, D 3
Der Rundgang in der weltberühmten Pinakothek beginnt bei den frühen Altartafeln der großen Toskaner Künstler Cimabue, Giotto, Duccio, Simone Martini, Ambrogio und Piero Lorenzetti. Es folgt die Malerei der internationalen Gotik mit Gentile da Fabriano und Lorenzo Monaco. Im Saal 7 schließlich sind die Meister der Frührenaissance versammelt. Werke von Sandro Botticelli dominieren Saal 10. Im Saal 15 folgen auf die »Taufe Christi«, eine Gemeinschaftsarbeit der Schüler Botticelli und Leonardo aus der Werkstatt ihres Meisters Andrea del Verrochio, Meisterwerke wie Leonardos »Verkündigung« (1475) und Mantegnas »Madonna della Cava« (1489).
Galleria degli Uffizi:
Loggiato degli Uffizi 6; www.uffizi.firenze.it; tgl. außer Mo 8.15–18.50 Uhr; Eintritt 6,50 €
Corridoio Vasariano:
Info: Tel. 05 52 65 43 21

Essen und Trinken

Cantinetta dei Verrazzano → S. 145, D 2
»Focacce« und köstliche »panini« mit Wurst und Schinken von der bekannten Macelleria Falorni aus Greve, Brot und Gebäck liefert der Bäcker Galli aus Florenz. Dazu werden die besten hauseigenen Weine gereicht.
Via dei Tavolini 18–20; Tel./Fax 0 55 26 85 90; tgl. außer So (nicht im Dez.) bis 21 Uhr

MERIAN-Tipp

6 Leonardo-Städtchen Vinci

Etwa 10 km nördlich der Schnellstraße von Florenz nach Livorno erreicht man das kleine Städtchen **Vinci.** Die einstige Burg des Grafen Guidi beherbergt das **Museo Leonardiano**. Neben der **Biblioteca Leonardiano** und einem Institut für Leonardo-Forschung sind hier mehr als 100 Modelle und Zeichnungen des Universalgenies ausgestellt. Ein Abstecher zum Geburtsort Leonardos in das 3 km entfernte **Anchiano** vermittelt einen Eindruck von der ländlichen Idylle seiner Kindheit.

65 km westl. von Livorno
Museo Leonardiano, Eingang Palazzina Uzielli; Tel. 05 71 56 80 12; www.museoragazzi.it; tgl. 9.30–18/19 Uhr; Eintritt 6 €

Dolci e Dolcezze ⇢ S. 145, östl. F 2
In einer der besten Pasticcerien von Florenz zahlt man gern ein bisschen mehr für die kleinen, auch die Augen betörenden süßen Verführungen.
Piazza Beccaria, 8 r; Tel. 05 52 34 54 58; Di–So 8.30–19.30 Uhr, Juni–Aug. Mo geöffnet und So geschl.

EINKAUFEN

Brandimarte ⇢ S. 144, westl. A 3
Große Silberschmiede. Besichtigung und Kauf möglich.
Via L. Bartolini, 18 r/Ecke Piazza di Verzaia (Nähe Porta San Frediano)

Raspini
Synonym für Florentiner Lederwaren. Für Markenfans ein absolutes Muss.
Via Roma 25–29 r (⇢ S. 144, C 2)
Via dei Martelli 3–7 r (⇢ S. 145, D 1)
Via Por Santa Maria 70–74 r (⇢ S. 145, C 3)

Gatto Bianco ⇢ S. 144, C 3
Schmuck aus diversen Materialien gibt es bei Carla und Walter Romani.
Borgo Santissimi Apostoli, 12

SERVICE

Auskunft
Comune di Firenze ⇢ S. 145, E 3
Borgo Santa Croce, 50121 Firenze; Tel. 05 52 34 04 44; www.comune.firenze.it; März–Okt. Mo–Sa 9–19, Nov.–Feb. Mo–Sa 9–17, So, Fei 9–14 Uhr

So menschenleer präsentiert sich der Piazzale degli Uffizi selten. Normalerweise ist er von Wartenden bevölkert, die Einlass in die berühmten Galerien (→ S. 77) begehren.

Civitavecchia

51 000 Einwohner

Civitavecchia war lange Zeit der Kriegshafen des ehemaligen Kirchenstaats Rom. Und auch heute noch dient die Stadt als Anlegeplatz für jene Kreuzfahrer, die die Ewige Stadt besuchen wollen. Der Hafen hat sich zum größten Seehafen der Region Latium entwickelt und bestimmt das Ortsbild von Civitavecchia.

Auskunft
Ufficio Informazioni e di Accoglienza Turistica
Viale Garibaldi 42, 00053 Civitavecchia; Tel. 0 76 62 53 48; www.aptprovroma.it

Ausflug

Rom

2 547 000 Einwohner
Stadtplan → S. 146/147

Über 2500 Jahre lang wird in Rom schon gebaut, gemalt, gemeißelt. Oftmals arbeiteten die zu ihren Zeiten besten Künstler der Welt für Herrscher und Päpste. Da sammelt sich eine Menge an Sehenswürdigkeiten an. Sie können einen Monat lang auf antiken Spuren wandeln, einen weiteren im Barock schwelgen und sich einen dritten auf das Mittelalter konzentrieren – trotzdem würden Sie danach noch nicht einmal aus diesen drei Epochen die ganze Palette an Sehenswertem besucht haben. Wählen Sie etwas aus, schauen Sie lieber weniger an, dafür eingehender.
70 km südöstl. von Civitavecchia

Spaziergang

Von der Piazza della Repubblica, Ende des 19. Jh. angelegt, biegt man links in die Via XX Settembre ein und gelangt damit in die Zeit der Stadterneuerung nach 1871. An der Ecke zur Via Quattro Fontane befindet sich die **Vierbrunnen-Kreuzung** (Quadrivio delle Quattro Fontane) mit den Brunnenfiguren, die Tiber und Arno, Diana und Juno verkörpern. Endlos lang zieht sich rechts die Fassade des **Quirinalspalastes** hin. Auf der linken Straßenseite bieten **San Carlo alle Quattro Fontane**, ein barockes Meisterwerk von Borromini, und **Sant' Andrea al Quirinale**, ein spätes Opus von Bernini, mehr Abwechslung. Sixtus V. ließ die beiden 5,6 m hohen Dioskuren Castor und Pollux aus den einst hier gelegenen Thermen Konstantins restaurieren und in der Mitte der **Piazza del Quirinale** aufstellen. Man steigt nun die Via della Dataria hinunter und biegt rechts in die Via San Vincenzo ein. Die Menschenmassen weisen den Weg zu Roms berühmtestem Brunnen, der **Fontana di Trevi.** Die Via dei Crociferi führt zum Eingang der Einkaufs-Galleria Alberto Sordi (ex Colonna). Langsam bummelt man nun den **Corso** hinauf, der seit der Antike als Einkaufsmeile dient. Man biegt rechts in die **Via Condotti** ein, die Straße der Alta Moda in Rom, in der auch das älteste Café der Stadt, das Caffè Greco liegt. Die **Spanische Treppe** kommt ins Blickfeld, die Doppeltürme der Kirche **Trinità dei Monti** als fotogenes Motiv darüber. Über die Antiquitätenmeile Via del Babuino spaziert man weiter. Für das Heilige Jahr 2000 erhielt auch eine der gelungensten Platzgestaltungen Roms, die **Piazza del Popolo**, einen neuen Anstrich. Von hier steigt man auf den Pincio, einem Hügel im Norden Roms (zählt nicht zu den Sieben Hügeln) hinauf und genießt vor dem Piazzale Napoleone einen der schönsten Blicke auf die Ewige Stadt.

Sehenswertes

Arco di Costantino → S. 147, E 4
Der mit 21 m Höhe und 25,7 m Breite größte und am besten erhaltene antike Triumphbogen in Rom wurde 315 n. Chr. als Erinnerung an den Sieg Kaiser Konstantins über Maxentius an der Milvischen Brücke errichtet.

Campidoglio (Kapitol)

→ S. 147, D 4

Bereits in der Antike lag auf diesem kleinsten der sieben Hügel Roms das Machtzentrum der Stadt, und noch heute sitzt hier der Bürgermeister. Im Jahre 509 v. Chr. erbauten die Römer hier die Tempel von Jupiter, Juno und Minerva, der heiligen, staatsschützenden Trias. Und an der Stelle, wo sich heute die reich ausgestattete gotische Kirche **Santa Maria in Aracoeli** erhebt, stand einst die **Arx**, die Burg des antiken Roms. Die steile Treppe hinauf zur Kirche wird rechts von der flacheren **Cordonata**, dem von Michelangelo entworfenen, majestätischen Aufgang zum Kapitol, flankiert. Stolz schauen die beiden Dioskuren Castor und Pollux dem Besucher entgegen und geben den Blick auf die Piazza di Campidoglio frei. Diese Platzanlage entwarf Michelangelo, von dem auch die Zeichnung für das Bodenoval mit dem Stern stammt.

Bus 60, 64, 87

Cappella Sistina → S. 146, östl. A 2

Michelangelo malte die Fläche des 40 m langen und 13 m breiten Gewölbes der Sixtinischen Kapelle zwischen 1508 und 1512 mit Szenen aus der Schöpfungsgeschichte bis Noah aus. Sein absolutes Meisterwerk begann der Künstler als Sechzigjähriger 1535: das Jüngste Gericht an der Altarwand mit 391 Figuren, das er 1541 vollendete. Bei all der Gewalt und der Schönheit der sich windenden Gestalten Michelangelos sollte man die herrlichen Fresken an den Wänden von seinen Kollegen Perugino, Rosselli, Botticelli, Ghirlandaio und Signorelli nicht übersehen. Rechts finden sich Szenen aus dem Leben Moses und links aus dem Leben Christi. Darüber grüßen Renaissancebildnisse von 30 Päpsten. In diesem einzigartigen Rahmen tagt bei der Papstwahl das Konklave. Man besichtigt die Sixtinische Kapelle im Rahmen der Vatikanischen Museen (→ S. 85).

Castel Sant' Angelo → S. 146, B 2

Kaiser Hadrian ließ sich nach eigenen Plänen ab 139 n. Chr. ein prachtvolles Grabmal am rechten Tiberufer errichten. 590 erschien Papst Gregor I. auf der Spitze des Mausoleums angeblich der Erzengel Michael, der sein Schwert zurück in die Scheide steckte und damit das Ende der gerade wütenden Pest anzeigte. Diese Episode gab dem Gebäude seinen heutigen Namen Engelsburg. Während des Mittelalters wurde das Grabmal zu einer mächtigen Festung ausgebaut und in die Aurelianischen Mauern integriert. Ihr Besitz sicherte den Zugang zum Vatikan, und als die Päpste nach dem Exil in Avignon 1376 nach Rom zurückkehrten, ließen sie sich die Schlüssel der Engelsburg und damit symbolisch die Macht in Rom übergeben.

Ein abendlicher Besuch der Engelsburg bietet einen herrlichen Blick auf die weiß angestrahlte Peterskuppel. Eine von Hadrian angelegte Brücke, die heutige **Engelsbrücke** mit ihren prachtvollen, nach Plänen Berninis skulpierten Engeln, verbindet die Festung mit der linken Tiberseite.

Lungotevere di Castello; www.castelsantangelo.com; Bus 40, 280; Di–So 9–19 Uhr; Abendöffnungen Ende Juni–Ende Aug.; Eintritt 5 €

Città del Vaticano → S. 146, A 2/3

Noch heute regiert das Oberhaupt der katholischen Kirche, der Papst, den Vatikanstaat, den mit 44 ha kleinsten Staat der Welt und seine 750 Einwohner wie ein absoluter Monarch. Eine eigene Post mit bei Sammlern heiß begehrten Briefmarken, eine eigene Tageszeitung (»Osservatore Romano«), ein eigener Rundfunksender (Radio Vaticana), ein eigenes Gericht (Sacra Romana Rota), ein eigener Bahnhof und eine eigene Armee – die wirklich nur aus katholischen Schweizern bestehende Schweizer Garde: Der Vatikan ist ein Staat wie jeder andere, nur die moralische Autorität seines Oberhauptes hebt ihn aus der Masse heraus. Teile des kleinen Staates kann man im Rahmen des Besuchs der **Musei Vaticani** (→ S. 85), einer der größten und bedeutendsten Kunstsammlungen der Welt, besichtigen.

Audienzen:

Jeden Mittwochvormittag hält der Papst eine öffentliche Audienz in der Aula delle Udienze Pontificie (im Sommer auch auf dem Petersplatz). Auch andere päpstliche Zeremonien (Messen, Spezialaudienzen) und Konzerte können reserviert werden.

Kostenlose Eintrittskarten für die Audienzen erhalten Sie im Deutschen Pilgerzentrum, Via della Conciliazione 51; Tel. 0 66 89 71 97; www.pilgerzentrum.de; Mo–Fr 8.30–18 Uhr, Sa 8.30–12.30 Uhr, oder bei den Schweizer Gardisten am Bronzetor am rechten Ende des Petersplatzes, tgl. 9–19 Uhr; generelle Auskunft im Centro Servizi Pellegrini e Turisti; Piazza San Pietro, linker Flügel; Tel. 06 69 88 16 62; Metro Ottaviano-San Pietro; www.vatican.va; Anmeldung zu Führungen unter visiteguidatesingoli@csv.va (Di, Do, Sa um 11 Uhr), auch auf Deutsch, durch die Giardini Vaticani (Vatikanische Gärten); Eintritt 18 €

Colosseo → S. 147, E/F 4

Kaiser Vespasian aus der Familie der Flavier begann 79 n. Chr. mit dem Bau des **Amphitheatrum Flavium** – wie das größte, erstmals ganz aus Stein (und nicht aus Holz) errichtete Amphitheater der römischen Welt offiziell hieß. Sein Sohn Titus weihte das 48,5 m hohe, 50 000 Zuschauer fassende Oval ein Jahr später mit 100-tägigen Festspielen ein. Die 80 Rundbögen der ersten drei Stockwerke des Kolosseums rahmen unten dorische, in der Mitte ionische und oben korinthische Halbsäulen. In den kleineren viereckigen Löchern waren 240 Balken verankert, die ein großes Segeltuch hielten, um die Zuschauer vor der Sonne zu schützen. Streng hierarchisch geordnet saßen unten der Kaiser und die Priester, darüber die Patrizier und weiter oben das gemeine Volk, um dem Spektakel in der 78 m langen und 46 m breiten Arena beizuwohnen.

6

Piazza del Colosseo; Metro Colosseo; Sommerzeit tgl. 8.30–19.15 Uhr, Sept. bis 19, Okt. bis 18.30, Ende Sommerzeit–Mitte Feb. bis 16.30, bis Mitte März bis 17, bis Ende März bis 17.30 Uhr (die Kasse schließt jeweils 1 Stunde eher); Eintritt 9 €

Blick über den Tiber auf den Petersdom (→ S. 83) – wie zu einem barocken Gemälde fügen sich Kuppeln, Türme, Monumente und Paläste.

Ausgewogene Proportionen, harmonische Raumwirkung: Das Pantheon, das besterhaltene antike Monument Roms, mutet in seiner Schlichtheit zeitlos-modern an.

Fontana di Trevi → S. 147, D 3
Wie man auf kleinstem Raum Spektakuläres schaffen kann, zeigte der Architetkt Nicola Salvi, als er ab 1732 im Auftrag Papst Clemens XII. den berühmten Trevi-Brunnen errichtete. Eingeweiht wurde die 20 m breite und 26 m hohe, fast einer Palastfassade gleichende Brunnenanlage allerdings erst 1762. In der Mitte des Barockensembles lenkt der Meeresgott Oceanus ein wildes und ein sanftes Pferd, die von Tritonen geführt werden. Über eine aus Felsen geformte »Küstenlandschaft« ergießt sich das Wasser hinunter in das weite »Meer«. Das ewig fließende Wasser gilt als Sinnbild der Lebenskraft der Ewigen Stadt.

Weltberühmt machte den prächigen Brunnen Fellinis Film »La dolce vita«, in dem Anita Ekberg vor den Augen ihres Filmpartners Marcello Mastroianni in den Fluten badet. Auch die Legende, dass man eine Münze ins Wasser werfen muss (mit dem Rücken zum Brunnen und mit der rechten Hand die Münze über die linke Schulter werfend!), um nach Rom zurückzukehren, hält sich bis heute.
Piazza di Trevi; Bus 62, Bus 116, 117, 119

Monumento a Vittorio Emanuele II
→ S. 147, D 4
Nach Meinung vieler Römer ist der schönste Aussichtsplatz der Stadt die Terrasse des Denkmals: Sie ist nämlich die einzige Stelle, von der aus man es nicht sieht! Bis heute streiten sich Gegner und Befürworter des weißen »Altars des Vaterlandes«, der wegen seiner Form im Volksmund auch die »Schreibmaschine« heißt. Zu den Kritikpunkten zählt der Zuckerbäckerstil ebenso wie die gigantische Dimension (Höhe 70 m, Breite 135 m, Tiefe 130 m). Das klassizistische Bauwerk wurde ab 1885 zum Gedenken an Viktor Emanuel II., der Italien 1870 durch die Eroberung Roms geeint hatte, errichtet. Seit 2007 führt ein Aufzug auf das Dach des Denkmals, von dort hat man eine tolle Aussicht!
Piazza di Venezia; Bus 64, Elektro-Bus 117

Pantheon → S. 146, C 3
Dieser majestätische Tempel bildet bis heute wohl das großartigste Zeugnis antiker Baukunst in Rom. Das harmonische Zusammenwirken einfacher geometrischer Formen – eine Halbkugel auf einem Zylinder, ein

Rechteck mit einem dreieckigen Giebel – verleihen dieser Konstruktion etwas Geniales. 27 v. Chr. von dem Konsul Agrippa erbaut, ließ Kaiser Hadrian das Pantheon zwischen 118 und 125 neu gestalten.

Die Kuppel ist mit einem Durchmesser von 43,3 m die größte der Welt (Kuppel des Petersdoms von Michelangelo 42,56 m, Kuppel von Santa Maria del Fiore in Florenz von Brunelleschi 42 m). Fünf Reihen von Kassetten führen den Blick unwillkürlich hinauf zu dem 9 m breiten Loch, das die einzige Lichtquelle des Raumes bildet. Die harmonischen Proportionen, die genau kalkulierten Dekorationselemente – rechteckige Nischen wechseln mit halbrunden, dreieckige Tympana über den Ädikulen mit runden –, die farbigen Marmorverkleidungen und Säulen: Alles strahlt Vollkommenheit aus. Inmitten dieser Pracht fand Raffael seine letzte Ruhestätte (dritte Ädikula links).

Piazza della Rotonda; Elektro-Bus 116; Mo–Sa 8.30–19.30, So 9–18, Fei 9–13 Uhr; freier Eintritt

Piazza Navona → S. 146, C 3

Wer den Puls der Stadt fühlen möchte, den Herzschlag von Römern aller Altersgruppen und Touristen aus aller Welt, der sollte einen Sommerabend auf der Piazza Navona verbringen. Karikaturisten und Feuerschlucker, Pantomimen und Alleinunterhalter nutzen das anheimelnde Oval des Stadions, das Kaiser Domitian im 1. Jh. n. Chr. errichten ließ, für ihren Auftritt.

Inmitten der sanften Rot- und Ockertöne der Palazzi scheint der Obelisk über der **Fontana dei Fiumi**, dem Vierströme-Brunnen von Bernini, zu schweben. Auf dem Felsen sitzen die Personifizierungen des Nils, des Ganges, der Donau und des Río de la Plata, die die vier damals bekannten Erdteile, aber auch die vier Paradiesflüsse verkörpern.

Piazza Navona; Elektro-Bus 116, Bus 64, 81, 87

Piazza San Pietro (Petersplatz) → S. 146, A 2

Wie eine Umarmung der Mutter Kirche wirken die freistehenden Kolonnaden der Piazza für die Gläubigen aus aller Welt, die hier dem Papst etwa am Ostersonntag beim Segen »Urbi et Orbi« zuhören. Seit 1656 befasste sich Bernini mit der Platzgestaltung, die zu den revolutionären architektonischen Meisterleistungen zu rechnen ist. Steht man auf einer der runden Marmorplatten links und rechts vor den Brunnen, verschmelzen die vier Kolonnadenreihen scheinbar zu einer einzigen. 140 Heiligenstatuen blicken von den Balustraden auf das Geschehen herab. In der Mitte dominiert der Obelisco Vaticano, den Caligula 37 n. Chr. aus Alexandria nach Rom brachte und Sixtus V. 1586 auf der Piazza aufstellen ließ. Das Kreuz auf 41 m Höhe umschließt eine Reliquie des Kreuzes Christi und versinnbildlicht den Sieg des Christentums über das antike Heidentum.

Piazza San Pietro; Bus 62; Metro Ottaviano-San Pietro

San Pietro in Vaticano (Petersdom) → S. 146, östl. A 2

7

Die wichtigste Kirche der Christenheit (mit Portikus 219 m lang, Querschiff 155 m, Fassade 47 m und Kuppel bis zum Kreuz 137 m hoch) erhebt sich über dem Grab des Apostels Petrus. Unter dem Portikus empfangen den Besucher rechts die Reiterstatue Kaiser Konstantins, des ersten christlichen Kaisers (von Bernini), und links die Karls des Großen, des ersten am Weihnachtstag 800 im Petersdom gekrönten Kaisers des Sacrum Imperium Romanum. Bereits die Eingangsportale geben eine Vorahnung auf die ungewöhnlich reiche Ausstattung des Doms: Das mittlere schuf Filarete 1439–45 im Auftrag Eugens IV. noch für die alte Peterskirche, das äußerste rechte ist die Porta Santa, die nur in einem Heiligen Jahr geöffnet wird, das nächste Mal also im

Jahr 2025, das äußerste linke, das Portal des Todes, erarbeitete Giacomo Manzù im Auftrag Johannes XXIII. zum zweiten Vatikanischen Konzil.

Der majestätische Innenraum wirkt trotz seiner riesigen Dimensionen nicht erschlagend. Dies liegt an den überproportional großen Figuren, die so dem Ganzen einen harmonischen Gesamteindruck verleihen. Die meisten Engel sind weit über 2 m hoch! Aus den unzähligen außergewöhnlichen Kunstschätzen seien nur einige herausgehoben. Gleich rechts steht – seit einem Anschlag auf die Nase der Gottesmutter Maria hinter Glas – die **Pietà** von Michelangelo, die er mit nur 23 Jahren 1498–99 skulpierte und deren Stein er selbst in Carrara ausgesucht hatte. Am vorderen rechten Pfeiler der Kuppel sitzt der **Bronze-Petrus** von Arnolfo di Cambio, dessen Fuß seine Verehrer fast »weggeküsst« haben. Zu den großartigen Meisterwerken der Kirche zählen auch die **Papstgrabmäler**, die jedes für sich einen genauen Blick verdienen. Unter der Kirche lohnen die **Sacre Grotte Vaticane** und die **Tomba di San Pietro** einen Besuch. Der Aufstieg (142 Stufen) bzw. Lift zur **Kirchenkuppel**, die einen fantastischen Blick auf Rom und bei klarer Sicht bis zu den Albaner und Sabiner Bergen gewährt, liegt auf der rechten Seite der Basilika.

Piazza San Pietro; Bus 62; Metro Ottaviano-San Pietro; Petersdom: tgl. 7–19 Uhr; Tesoro: April–Sept. 9–18, Okt.–März 9–17 Uhr; Eintritt 6 € Kuppel: April–Sept. 8–17.30, Okt–März 8–17 Uhr; Eintritt 4 €, mit Lift 7 €

Meisterwerk antiker Bildhauerkunst: der Hermaphrodit in der Galleria Borghese.

Museen

Musei Capitolini

⟶ S. 147, D 4

Der Palazzo dei Conservatori und der Palazzo Nuovo, die den Kapitolsplatz flankieren, beherbergen eines der herausragenden Museen antiker Skulptur in Rom. Eines der bekanntesten Ausstellungsstücke ist die berühmte »Kapitolinische Wölfin« aus dem 5. Jh. v. Chr.

Piazza del Campidoglio; www.museicapitolini.org; Bus 60, 64, 87; Di–So 9–20 Uhr; Eintritt 6,50 €

Museo e Galleria Borghese

⟶ S. 147, E 1

Im Nordosten der Villa Borghese, der großen römischen Parkanlage, liegt das hübsche Casino Borghese, das im Erdgeschoss das Museum und im ersten Stock die Galleria Borghese beherbergt. Die »Königin unter den privaten Kunstsammlungen der Welt« begann der Neffe Papst Pauls V., Kardinal Scipione Borghese, im Jahr 1608. In der Galleria ragen einige Werke aus der Masse der Kostbarkeiten (Lukas Cranach, Rubens, Giovanni Bellini) noch heraus: die fast manieristische Grablegung Christi von Raffael (1506/07); die Danae von Correggio (1526), die Jupiter im Goldregen erwartet, »Heilige und Profane Liebe« (»Amor Sacro e Amor Profano«) von Tizian (1516/17), das Porträt eines unbekannten Mannes von Antonello da Messina.

Piazzale Scipione Borghese 5; www.galleriaborghese.it; Bus 910. Im Museum ist die Besucherzahl auf 360, in der Galleria auf 90 beschränkt, daher reservieren (Besuch insgesamt auf 2 Std. beschränkt); Di–So 9–19 Uhr; Reservierung: Tel. 06 32 81 01, Mo–Fr 9–18, Sa 9–13 Uhr; Eintritt mit Reservierung 8,50 €

Musei Vaticani (Vatikanische Museen) → S. 146, A 2

Eine der bedeutendsten Kunstsammlungen der Welt, die auch die größte Antikenkollektion der Erde umfasst, beherbergen die Paläste, die seit dem Mittelalter durch jahrhundertelange Um- und Neubauten entstanden.

Die unüberschaubare Anzahl an herausragenden Kunstobjekten macht es sinnvoll, sich für eine Auswahl zu entscheiden, da man an einem Tag die 7 km (!) langen Museumsgänge nicht durchwandern kann, wenn man noch etwas aufnehmen möchte.

Viale Vaticano; mv.vatican.va; Metro Cipro-Musei Vaticani; Mo–Sa 8.30–18; Eintritt 14 €, jeden letzten So im Monat gratis, 8.30–14 Uhr

Die wichtigsten Museen: Appartamento Borgia

Papst Alexander VI. Borgia (1492 bis 1503) ließ seine Wohnräume im Vatikan von Pinturicchio (und Schülern) mit herrlichen Fresken ausmalen. Die Sala dei Santi (Nr. IV) und die Sala dei Misteri della Fede (Nr. V) mit einem Porträt des knieenden Papstes verdienen besondere Aufmerksamkeit.

Cappella Sistina (Sixtinische Kapelle)

→ S. 80

Galleria degli Arazzi e delle Carte Geografiche

Die Wandkarten Italiens, ausgestellt in der Galleria delle Carte Geografiche mit ihrer herrlichen Decke, entstanden 1580–83 und bezeugen das wachsende Bewusstsein der Einheit Italiens trotz politischer Zerstückelung.

MERIAN-Tipp

7 Terrazza Caffarelli

Keinesfalls sollten Sie einen Besuch des Museumscafés der Musei Capitolini, der Terrazza Caffarelli, versäumen. Der Zugang ist auch ohne Eintrittskarte für das Museum möglich. Bei einem Cappuccino liegen Ihnen die Dächer Roms zu Füßen. Garibaldis Statue auf dem Gianicolo, das Teatro di Marcello und die Peterskuppel dienen als Blickfang.

Piazza del Campidoglio; Bus 60, 64, 87; Di–So 9–19,30 Uhr → S. 147, D 4

Galleria dei Candelabri

In der Galerie mit römischer Kunst kann man sich hier von einem fein gearbeiteten Relief, dort von einem schön modellierten marmornen Körper verzaubern lassen.

Museo Gregoriano Etrusco

Das Museum zählt zu den bedeutendsten Sammlungen etruskischer Kunst, beherbergt aber auch eine Kollektion antiker griechischer und italienischer Vasen. Beachtenswert ist der fast lebensgroße Mars von Todi, ein Bronzekrieger, der aus dem 5. Jh. v. Chr. stammt.

Variierende Öffnungszeiten

Museo Pio Clementino

Mit Sicherheit einer der Höhepunkte der vatikanischen Sammlungen: Das Museum bietet in den Räumen rund um den Cortile Ottagono (Belvedere-Hof) berühmte griechische und römische Skulpturen. Zu den herausragenden Arbeiten zählen: der »Apoxyomenos«, nach einem Original von Lysipp (340–320 v. Chr.), das den Athleten nach dem Sieg zeigt, und die einzigartige Laokoon-Gruppe, eine Kopie aus dem 1. Jh. n. Chr. nach einem griechischen Bronzeoriginal, das Laokoon mit seinen Söhnen im Todeskampf mit den Meeresschlangen darstellt.

Stanze di Raffaello
Die Stanzen Raffaels bestehen aus mehreren Sälen: Sala di Costantino mit wichtigen Szenen aus dem Leben Kaiser Konstantins schuf Giulio Romano, ein Schüler Raffaels. Seine Arbeit zeigt bereits Zeichen des Manierismus, etwa in der Konstantinischen Schenkung, in der das Fresko als Wandteppich erscheint.

Über die Sala dei Palafrenieri erreicht man die Cappella di Niccolò V, deren Freskenschmuck von Fra Angelico stammt. Es folgt die Stanza di Eliodoro, die Raffael von 1512–14 ausmalte: »Papst Leo d. Große (mit dem Gesicht Leos X.) hält die Invasion Attilas auf«, »Messe von Bolsena« mit feinem Porträt des knieenden Papstes Julius II., »Vertreibung des Heliodor« mit einem Selbstporträt Raffaels (links unten), »Befreiung des Apostels Petrus«, das erste Nachtbild der Hochrenaissance. Die Fresken der Stanza della Segnatura, in der die offiziellen Schriftstücke unterzeichnet wurden, bilden den Höhepunkt der Malerei Raffaels (1509–11). Der »Disputa del Sacramento«, einer Verherrlichung des katholischen Glaubens, steht die »Schule von Athen«, die Philosophie der Antike, gegenüber. Der »Parnass«, der Sitz der Künste, sowie das kanonische Recht (symbolisiert durch Papst Gregor IX.) und das weltliche (symbolisiert durch Kaiser Justinian) vervollständigen den Raum. Die Theologie, Gerechtigkeit, Philosophie und Poesie an der Decke runden dieses großartige, das gesamte Wissen der Menschheit umfassende Programm ab.

Essen und Trinken

Papa Giovanni → S. 146, C 3
Raffinierte italienische Küche mit einer sehr persönlichen Note. Hervorragende traditionelle römische Gerichte.
Via dei Sediari 4 (nahe der Piazza Navona); Tel. 06 68 80 48 07; www.ristorantepapagiovanni.it; Bus 64; Mo–Sa 12.30–15, 19.30–24 Uhr ●●●●

Carbonara → S. 146, C 3
Mitten im römischen Leben in einer milden Sommernacht auf dem Campo de' Fiori speisen: Einmal muss man einfach hier sitzen! Probieren Sie die »saltimbocca alla romana«.
Piazza Campo de' Fiori 23; Tel. 0 66 86 47 83; Bus 64, 116; Mi–Mo 12.15–15.10 und 19.30–23 Uhr, Aug. geschl. ●●

Obika → S. 146, C 2
Die erste Mozzarellabar Roms, in der man in moderner Atmosphäre wunderbare Käse- und Nudelspezialitäten verzehrt. Günstige Mittagsmenus.
Via dei Prefetti 26a/Ecke Piazza di Firenze; Tel. 0 66 83 26 30; www.obika.it; Bus 116, 117, 119; Mo–Fr 8.30–24, Sa, So ab 12 Uhr ●

Giolitti → S. 147, D 3
Seit Jahrzehnten die In-Eisdiele Roms.
Via Uffici del Vicario 37–41 (nahe Pz. Montecitorio); www.giolitti.it; Bus 116, 117, 119; kein Ruhetag

Einkaufen

La Tradizione di Belli e Fantucci → S. 146, östl. A 2
Eine der besten Adressen für Käse, Wurst und andere Delikatessen.
Via Cipro 8e (Trionfale, Nähe Vatikan); www.latradizione.it; Metro Cipro-Musei Vaticani

Discount dell' Alta Moda → S. 147, D 2
Kleidung und Accessoires der namhaftesten Designer aus der vergangenen Saison, deshalb billiger.
Via Gesù e Maria 14 und 16/a (Centro Storico, Seitenstraße westlich der Via del Babuino); Metro Spagna

Service

Auskunft
APT – Azienda di Promozione Turistica → S. 147, F 2
Via Parigi 5, 00186 Roma; Tel. 06 48 89 91; www.romaturismo.it; Mo–Sa 9–19 Uhr

Neapel

1 036 000 Einwohner

Die Vitalität und Lebensfreude, die sich vor allem in der Altstadt zeigen, haben europäische Künstler und Literaten bereits im 18. Jh. begeistert beschrieben. Ihre Zeugnisse haben kaum an Aktualität verloren. Bei der Beobachtung des hektischen Gewimmels, der bunten Farben, der lauten Stimmen und starken Gerüche in den Altstadtgassen, wo die Hinterlassenschaften aus Mittelalter, Renaissance, Barock und Rokoko sich gegenseitig den Rang ablaufen, stürzen Besucher damals wie heute in eine Art Sinnestaumel, dem sie möglichst ausgeruht begegnen sollten.

Spaziergang

Nach einem Besuch des Doms, der **San Gennaro**, dem Schutzpatron Neapels, geweiht ist, überquert man die Via Duomo und taucht in das lebendige Treiben der Via Tribunali ein. Auf der linken Seite erscheint die **Kirche San Lorenzo Maggiore**. Hier biegt man links ab und befindet sich in der Krippenstraße, der **Via San Gregorio Armeno**, in der neben den Werkstätten der Krippenbauer und -restauratoren auch Seidenblumenbinder ansässig sind. Auch ein Besuch der **Kirche San Gregorio Armeno** bietet sich an. Danach geht man am Ende der Gasse rechts in die Via San Biagio dei Librai. Hier reihen sich Stadtpaläste, darunter der **Palazzo Marigliano** aneinander. Hat man die **Piazzetta Nilo** mit der Statue des Nilgottes erreicht, spaziert man rechts ein Stück die Via Nilo hinauf und biegt dann links in die Via de Sanctis, in der die **Cappella Sansevero** liegt. Am Ende dieser Straße breitet sich die belebte **Piazza San Domenico Maggiore** mit der gleichnamigen Kirche aus. Man folgt der Via B. Croce bis zur Piazza Gesù Nuovo, an der sich die **Chiesa di Santa Chiara** und die Jesuitenkirche **Gesù Nuovo** gegenüberstehen.

Sehenswertes

Castel Nuovo

Die mächtige Festung wurde von Karl I. von Anjou im 13. Jh. errichtet. Die Anjou waren den Staufern als Herren der Stadt nachgefolgt. Das weiße Marmorportal gehört zu den schönsten Renaissancearbeiten in Neapel.

Piazza Municipio; tgl. außer So 9–19 Uhr; Eintritt 5 €

Castel Sant'Elmo

Robert der Weise legte 1343 diese Festung hoch über der Stadt auf dem Vomerohügel an.

Tgl. außer Mi 9–18.30 Uhr; Eintritt 3 €

Catacombe di San Gaudioso

Eindrucksvolle Beispiele neapolitanischer Grabkultur des 17. Jh.

Piazza Sanità (Kirche Santa Maria della Sanità); Tel. 0 81/48 32 38; Führungen tgl. 9.30–12.30 Uhr, nachmittags nach Vereinbarung; Eintritt 5 €

Marechiaro-Bucht

In einer kleinen Bucht am Fuße des Posillipo, des südwestlich ins Meer eintauchenden Bergrückens, liegt das ehemalige Fischerviertel Marechiaro, das man von der Via Posillipo über die Via Franco Alfano erreicht. Die Lokale an den Bootsanlegern garantieren einen romantischen Abend.

MERIAN-Tipp

8 Napoli Sotterranea

Das weit verzweigte ehemalige Zisternensystem der Stadt, das unterirdische Neapel, diente den Neapolitanern im Zweiten Weltkrieg als Schutzraum und später Mitgliedern der Unterwelt als Fluchtweg. Führungen durch die unterirdische Welt finden im historischen Zentrum statt.

Napoli Sotterranea, Piazza San Gaetano 68; Tel. 0 81/29 69 44; www.napolisotterranea.org; Mo–Sa 12–16, So 10–18 Uhr; mit Führung 9 €

Piazza Bellini
Der Platz, in dessen Mitte sich eine kleine griechische Ausgrabungsstätte befindet, liegt in der Nähe des Konservatoriums und gehört zu den beliebtesten Treffpunkten Neapels. Hier verwöhnen eine Reihe von Cafés und ausgefallenen Restaurants ihre Gäste fast rund um die Uhr.

Museen

Cappella Sansevero
Die einstige Begräbniskapelle der Adelsfamilie Sangro befindet sich gegenüber der Kirche San Domenico Maggiore und birgt eine ganz besondere Attraktion: Die Marmorskulptur »Cristo Velato« von Giuseppe Sanmartino ruft Staunen und Bewunderung hervor, so täuschend echt ist der transparente Schleier gelungen.
Via de Sanctis 19; tgl. außer Di 10–17.40, So, Fei 10–13.10 Uhr; Eintritt 6 €

Museo Archeologico Nazionale
Das aus dem 18. Jh. stammende Museum beherbergt eine der bedeutendsten archäologischen Sammlungen Europas. Zu sehen sind u. a. eine Ausstellung antiker Skulpturen (Erdgeschoss), eine ägyptische Sammlung (Untergeschoss) und alle bei den Ausgrabungen in den antiken Städten Pompeji, Ercolano, Stabia und Cuma gefundenen Schätze (Zwischen- und Obergeschoss).
Piazza Museo Nazionale 35; tgl. außer Di 9–20 Uhr; Eintritt 6,50 €

Museo e Galleria Nazionali di Capodimonte
Im Schloss Capodimonte befindet sich die Nationalgalerie. Ihren Grundstock bildet die Sammlung der italienischen Adelsfamilie Farnese mit Werken u. a. von Caravaggio, Raffael und Michelangelo, für die Karl III. mit dem Schloss repräsentative Räume errichten ließ.
Parco di Capodimonte; tgl. außer Mi 8.30–19.30 Uhr; Eintritt 7,50 € (14–17 Uhr 3,75 €)

Essen und Trinken

Taverna dell'Arte
Kleines Lokal, in dem nach historischen Rezepten der neapolitanischen Küche gekocht wird – vor allem Suppen und Fleisch. Eine Spezialität ist der gefrorene und dann zerstoßene Basilikumlikör.
Rampe S. Giovanni Maggiore 1/a, Nähe Via Mezzocannone; Tel. 0 81/5 52 75 58; tgl. außer So ab 20 Uhr ●●

Einkaufen

Dolce Idea
Die mehrfach ausgezeichneten Produkte der Schokoladenfabrik Dolce Idea eignen sich mit ihren ausgefallenen Geschenkpackungen als kulinarisches Mitbringsel besonders gut.
Dolce Idea di Gennaro Bottone; Via Solitaria 7/8 und Via Bonito 2b (Vomero); tgl. außer So

Service

Auskunft
Aasct – Touristeninformation
Piazza del Gesù Nuovo; Tel. 0 81/55 12 70, bzw. Via San Carlo 9; Tel. 0 81/40 23 94; www.napolinapoli.com

Ausflüge

Cuma

Das historische Cumae wurde im 8. Jh. v. Chr. gegründet und gilt als eine der ältesten griechischen Kolonien in Italien. Auf der Höhe des Monte di Cuma liegen die Ruinen der oberen Akropolis, im Osten der Apollontempel und auf dem höchsten Plateau der zur Basilika umgestaltete Zeustempel, von dem man einen herrlichen Ausblick auf Küste und Meer hat. Auch wenn sich von den antiken Tempeln wenig erhalten hat, spürt man noch heute den Zauber der Landschaft, der schon die Griechen dazu bewogen haben mag, den Ort ihren Göttern zu weihen. Zum Parco Archeologico in Cuma gehört außerdem die Orakelgrotte (**Antro della Sibilla**) der Sibylle, einer antiken mythischen Seherin. Schon Vergil erwähnte sie in seinen Versen. Ausgegraben wurde die Grotte erst im Jahr 1932 von dem italienischen Archäologen Amedeo Maiuri. Eindrucksvoll ist vor allem der über 100 m lange, trapezförmige Gang, der durch sechs Seitentunnel Licht erhält und zum ehemaligen Prophezeiungsort führt.

18 km westl. von Neapel
Parco Archeologico di Cuma, Via Acropoli; tgl. 9–16, im Winter 9–15 Uhr; Eintritt 4 € (mit Baia und Pozzuoli)

Grotta Azurra Capri (Blaue Grotte)

Zwei Wege führen zur Blauen Grotte: Vom Hafen Marina Grande auf Capri fahren offene Motorboote – im Sommer mit Sonnensegeln – entlang der nördlichen Inselküste (Preis: ca. 8,50 €). Vor der Grotte helfen die sogenannten Caprifischer den Besuchern, in kleinere Ruderboote umzusteigen, um so durch die schmale Felsöffnung zu gelangen. In der Grotte schmettern sie dann – gegen ein entsprechendes Trinkgeld, versteht sich – ein gefühlvolles neapolitanisches Lied. Das ganze Unterfangen ist eine reine Touristenveranstaltung, die man mit Humor absolvieren sollte.

Der zweite, längere Weg führt mit dem Bus vom Hafen nach Anacapri, wo man in den Anschlussbus zur Grotte umsteigt. Geht man, dort angekommen, die schmale Steintreppe hinunter, sollte man an der Bar direkt über dem Grotteneingang einkehren. Sie ist ein wunderbarer Beobachtungsposten für das bunte Treiben vor dem Eingang.

Tgl. 9 Uhr bis eine Stunde vor Sonnenuntergang; Eintritt zur Grotte 9 € inklusive Ruderboot

Pompeji

26 100 Einwohner

Das blühende Leben der antiken Stadt Pompeji fand durch den Vesuvausbruch 79 n. Chr. ein jähes Ende. Zum Zeitpunkt der Tragödie war Pompeji eine reiche und selbstständige Hafen- und Handelsstadt, die unter einer 6 m hohen Ascheschicht begraben wurde. Bis heute ist sie noch

Grotta Azurra – die blaue Grotte: In ein unvergleichliches Blau taucht das vom Meeresboden reflektierte Tageslicht die Grotte im Nordwesten der Insel Capri.

nicht vollständig freigelegt. Man fand mehrstöckige öffentliche Gebäude, Tempel, Läden und Tavernen. Eine Vielzahl vornehmer Villen bezeugen den luxuriösen Lebensstil der Pompejaner. Die Fundstücke der älteren Ausgrabungen sind heute im **Museo Archeologico Nazionale** in Neapel (→ S. 88) zu sehen.

28 km südöstl. von Neapel

Spaziergang

Für die Besichtigung sollte man sich wenigstens einen halben Tag Zeit lassen. Der Via Marina folgend, erreicht man das **Forum**, den von zweigeschossigen Säulenhallen gerahmten Hauptplatz der antiken Stadt, der von öffentlichen Gebäuden umgeben ist. Im Norden des Forums steht der Jupitertempel. In den dahinter liegenden Straßen befinden sich einige der sehenswertesten Gebäude Pompejis. Zunächst trifft man auf die **Terme del Foro**. Ganz in der Nähe liegt auch die **Casa del Fauno**. Hält man sich von hier aus rechts, kommt man zur **Casa del Labirinto**. Gleich daneben biegt man in die Gasse Vico dei Vettii ein, um dort die vornehm ausgestattete Villa **Casa dei Vettii** zu besuchen. Vom Forum aus kann man auch der einstigen Hauptgeschäftsstraße Via dell'Abbondanza in Richtung der neueren Ausgrabungen und des **Amphitheaters** folgen. Auf diesem Weg liegen auch die **Terme Stabiane**. Geht man von dort die Via Stabiana in südlicher Richtung, gelangt man zu den beiden Theatern der Stadt. Sie konnten 5000 (Theater) bzw. 900 (Odeum) Zuschauer aufnehmen.

www.pompeisites.org; April–Okt. 8.30–19.30 (letzter Einlass 18.30), Nov.–März 8.30–17 (letzter Einlass 15.30 Uhr); Eintritt 11 € (Sammelticket für alle Ausgrabungsstätten, 3 Tage gültig, 20 €). Für Besichtigungen der neu eröffneten Terme Suburbane, der Casa del Meandro und der Casa degli Amori dorati kann man sich – ohne Aufpreis – anmelden unter www.arethusa.net

Vesuv

Der einzige heute noch tätige Vulkan auf dem europäischen Festland beherrscht mit seiner typischen Silhouette den Golf von Neapel. Nach dem letzten Ausbruch 1944 verschwand die Rauchfahne über dem Vesuv, bislang sein charakteristisches Merkmal. Als Zeichen seiner fortdauernden Aktivität blieben lediglich die rauchenden Fumarolen, die einen leichten Schwefelgeruch verströmen und zwischen 80 und 500 Grad heiß sind. Trotz der Gefahr, in der Ansiedlungen hier seit jeher schweben, haben sich die Menschen nie abhalten lassen, zu Füßen des Vulkans zu leben und zu arbeiten. Tatsächlich ist Vulkanboden aufgrund seiner besonderen Zusammensetzung sehr fruchtbar, dazu kommt das milde Klima, das mehrere Ernten pro Jahr garantiert.

Auf den Vesuv gelangt man am einfachsten von Ercolano oder Torre del Greco aus. Eine gut beschilderte Straße führt vorbei an Pizzerien und Restaurants und zieht sich dann in immer enger werdenden Kurven durch Weingärten, weiter oben durch Ginsterwälder und Pinienhaine, vorbei am erstarrten Lavastrom von 1944, bis auf ca. 1000 m Höhe. Hier befindet sich der Parkplatz, und nun geht es nur noch zu Fuß weiter. Doch die Anstrengung lohnt sich: Vom Kraterrand hat man bei klarem Wetter und vor allem in den Morgenstunden einen atemberaubenden Blick über den gesamten Golf.

Ca. 25 km südöstl. von Neapel

www.guidevesuvio.it; eine der Haltestellen für Busse, die zum Vulkan fahren, liegt an der Station der Circumvesuviana in Ercolano; tgl. nur 8.25 Uhr Abfahrt (Rückfahrt 12.25 Uhr); hier gibt es auch Sammeltaxis, die pro Person 10 € kosten; von der Piazza Anfiteatro in Pompeji fahren ebenfalls tgl. ab 9.30 Uhr Busse zum Vesuv (7,60 € Hin- und Rückfahrt); Eintritt zur Besichtigung des Kraters 6,50 €

SIZILIEN

Selten ist man den europäischen Ursprüngen so nah wie auf Sizilien, der einstigen Grenze zwischen Morgen- und Abendland. Die Griechen und Römer rangen mit den Karthagern um den Besitz der Insel; ihre Eigenständigkeit gaben die Sizilianer jedoch nie auf. Und heute ist die Insel so reich an Geschichte und Kultur, dass sie wie ein ganzer Kontinent im Kleinen wirkt.

Messina

280 000 Einwohner

Der gleichnamigen Meerenge verdankt die Stadt ihre Bedeutung. Messina war von jeher eine strategisch wichtige Hafenstadt: Die Lage am **Stretto**, der Meerenge, und der sichelförmige Naturhafen waren wie geschaffen für eine Stadtgründung.

SEHENSWERTES

Duomo

Der 1197 unter Roger II. geweihte Normannendom, der dem großen Erdbeben von 1908 und einer Brandbombe 1943 zum Opfer fiel, ist ein Musterbeispiel des Wiederaufbaus. Der Dom in der Form einer Basilika birgt neben mehreren Kunstwerken die mit 170 Registern und rund 16 000 Pfeifen größte Orgel Italiens.

Santissima Annunziata dei Catalani

Die kleine Normannenkirche stammt größtenteils aus dem 12. Jh. und liegt unter dem heutigen Straßenniveau. Kuppel, Apsis und Querhaus lassen byzantinische Einflüsse erkennen.

MUSEEN

Museo Regionale di Messina

Hier dreht sich alles um Kunst aus der Zeit vom 12. bis 18. Jh. Herausragend sind zwei Gemälde von Caravaggio.

Viale Libertà 465; Di–Sa 9–13.30, Di, Do, Sa auch 15–17.30, So 9–13 Uhr; Eintritt 6 €

ESSEN UND TRINKEN

Ristorante Sporting Alberto

Bekannter Anlaufpunkt für Gourmets, direkt am Meer. Fantasievolle Antipasti, guter Stockfisch.

Via Nazionale; Tel. 0 90 32 13 90; Mo geschl. ●●●

SERVICE

Auskunft

APT

Via Calabria, 301, 98122 Messina; Tel. 0 90 64 02 21; www.aptmessina.it

Energisch bringt sich der Ätna (→ S. 92), das Wahrzeichen Siziliens, immer wieder in Erinnerung. Seine karge Schönheit lässt sich am besten auf einer Wanderung bewundern.

Ausflug

Catánia

400 000 Einwohner

In der zweitgrößten Stadt Siziliens brodelt heute das Leben. Die Vergangenheit der ostsizilianischen Metropole ist von Erdbeben und Ausbrüchen des Ätna gezeichnet. Catánia ist eine überaus vitale Großstadt.

94 km südl. von Messina

Spaziergang

Die **Porta Uzeda**, ein prächtiges Barocktor aus dem Jahre 1696, markiert den Wiederaufbau der vom Erdbeben zerstörten Stadt. Das Tor trennt den Domplatz vom Hafenviertel mit dem **Castello Ursino**. Von der Porta Uzeda sind es nur wenige Schritte bis zur **Piazza del Duomo**, die im Norden vom Rathaus und im Osten vom Dom begrenzt wird. Inmitten des Platzes steht Catánias Wahrzeichen, die antike **Fontana dell' Elefante**, der Elefantenbrunnen. Der aus schwarzer Lava gefertigte Elefant trägt einen Obelisken auf dem Rücken.

Werktags bietet sich ein Besuch des Fischmarktes an, bevor es entlang der Via Vittorio Emanuele II weiter bis zum **Teatro Romano** geht. Ein Stück die Straße zurück kommt man zur Piazza San Francesco. Dort befindet sich der Eingang zum **Museo Belliniano**, dem Geburtshaus des Opernkomponisten Vicenzo Bellini (Mo–Sa 9–13, Di, Do 15–18 Uhr), wie auch zum **Museo Emilio Greco**. Von der Piazza San Francesco verläuft die barocke Prachtstraße **Via Crociferi** in Richtung Norden. Über die Via Antonino di Sangiuliano gelangt man zu der von Geschäften gesäumten **Via Etnea**, der Hauptschlagader Catánias.

An der Piazza Stesicoro ist ein kleiner freigelegter Teil des **Anfiteatro Romano** zu sehen, das mit einer Ausdehnung von 125 x 105 m zu den größten des Römischen Reiches gehörte und 700 Menschen Platz bot. Es stammt aus dem 2. Jh. Später diente das Amphitheater als »Steinbruch«, so auch beim Bau des Doms. Der Via Etnea weiterhin folgend kommt man am Stadtpark **Villa Bellini**, einer Oase der Ruhe, vorbei. Noch ein Stück weiter nördlich befindet sich der **Orto Botanico mit** exotischen Pflanzen.

Sehenswertes

Duomo di Sant' Agata

Im Kern geht der dreischiffige Dom zwar auf die Normannenzeit zurück, doch nach dem großen Erdbeben von 1693 wurde das beschädigte Gotteshaus in die barocke Umgestaltung des Stadtbildes mit einbezogen.

Piazza del Duomo; tgl. 9–13, 16–19 Uhr

Essen und Trinken

Metrò

Bodenständige sizilianische Küche, besonders zu empfehlen ist »cipollata di tonno«, ein Zwiebelgericht mit Thunfisch. Gute Weinauswahl.

Via Crociferi 76; Tel. 0 95/32 20 98; Sa mittags und So geschl. ●●

Einkaufen

Bei der Porta Uzeda taucht man ein in das von Feilschen und Stimmengewirr untermalte Gedränge der **Pescheria**. Der Fischmarkt gehört zum Sightseeing-Pflichtprogramm.

Etna (Ätna)

Der Ätna schlummert nicht: Zwischen zehn und 20 größere Ausbrüche werden pro Jahrhundert gezählt. Auf dem Weg bis zum Gipfel durchfährt man die unterschiedlichsten Vegetations- und Klimazonen. In der äußerst fruchtbaren Ebene gedeihen Orangen- und Zitronenbäume, ein bisschen höher wird Gemüse und Wein angebaut, weiter oben bestimmen Kastanienwälder das Landschaftsbild. In den höheren Lagen wachsen Ginster und Wacholder, in der Gipfelregion fast ausschließlich Flechten.

Von der Nord- und der Südseite aus werden Jeep-Exkursionen bis auf rund 2900 m Höhe angeboten (pro Person 40 €). Vom Rifugio Sapienza führt eine Seilbahn bis zur 2600 m hohen Bergstation La Montagnola (15 €). Sich dem Gipfel ohne sachkundige Führung zu nähern, ist lebensgefährlich.
90 km südl. von Messina

Góla dell'Alcántara

An der Nordflanke des Ätna hat der Alcántara-Fluss eine atemberaubende, über 20 m tiefe Schlucht in das Basaltgestein gegraben. Eine Erkundung der Schlucht erfordert einige Überwindung, da die Wassertemperaturen selbst im Hochsommer nicht über 12 °C klettern. Als Belohnung winkt ein grandioses Naturerlebnis. Wer will, kann mit dem Aufzug (2,50 €) bequem in die Schlucht hinunterfahren. Gummistiefel, die bis zur Hüfte reichen, können beim Parkplatz für 5 € ausgeliehen werden.
60 km südl. von Messina

Taormina

11 000 Einwohner

Seit sich Sizilien als klassisches Reiseziel etabliert hat, führt kein Weg an Taormina vorbei. Schon nach kurzer Zeit hält der einzigartige Charme des malerischen Städtchens jeden Besucher gefangen.
52 km südl. von Messina

Spaziergang

Der **Corso Umberto**, die verkehrsbefreite Hauptflaniermeile Taorminas, erstreckt sich in einem leichten Bogen von der Porta Messina bis zur Porta Catánia, quer durch die Stadt. Ein kleines Stück hinter der Porta Messina befindet sich der **Palazzo Corvaia**, ein weitgehend im gotisch-katalanischen Stil errichteter Adelspalast, der heute das städtische Verkehrsbüro beherbergt. Schräg hinter dem Palazzo liegt das **Odeon**. Das Theater, ein kleiner Ziegelsteinbau, stammt aus der römischen Kaiserzeit. Weit imposanter ist natürlich das am Ende der Via Teatro Greco gelegene **Teatro Greco**. Schlendert man den Corso weiter entlang, so stößt man auf die **Aussichtsterrasse** Piazza IX Aprile. Dort steht die **Chiesa Sant' Agostino**, die ein schön gearbeitetes gotisches Portal besitzt. Kurz darauf verbreitert sich der Corso zur Piazza del Duomo. Der **Duomo San Nicola** stammt aus dem 13. Jh., wurde später aber mehrfach umgebaut.

Sehenswertes

Teatro Greco

Der Blick vom Griechischen Theater auf den Ätna ist – vor allem am Morgen – unbeschreiblich schön und entspricht den zahllosen Abbildungen auf Postkarten. Das Wahrzeichen Taorminas wurde im 3. Jh. v. Chr. errichtet. Sein heutiges Aussehen erhielt es allerdings erst rund 400 Jahre später, als die Römer das Bauwerk für Gladiatorenkämpfe nutzen wollten. Mit einem Durchmesser von 109 m ist es das zweitgrößte Theater Siziliens und soll einst 30 000 Zuschauern Platz geboten haben. In den Sommermonaten kann man sich bei einer der regelmäßig stattfindenden Aufführungen von der hervorragenden Akustik überzeugen. Direkt ans Teatro Greco schließt sich das **Antiquarium** an. Das kleine archäologische Museum präsentiert Funde aus Taormina und der Umgebung.
Tgl. von 9 Uhr bis eine Stunde vor Sonnenuntergang; Eintritt 6 €

Essen und Trinken

Grotta Azzurra

Das Restaurant ist auf gegrillte Meeresfrüchte (stets fangfrisch) spezialisiert. Äußerst schmackhaft ist auch das abwechslungsreiche Vorspeisenbuffet.
Via Bagnoli Croci 2; Tel. 0 94 22 35 05 ●●

Andromeda und Kassiopeia

Die Sagengestalten der klassischen Antike helfen noch heute bei der Orientierung am Himmel.

Die alten Griechen ordneten das Himmelsgewölbe neu. Als Insel- und Seefahrervolk verfügten sie immer und überall über einen weiten Horizont. Kenntnisse der Astronomie waren für die Navigation unerlässlich.

Homers Sternenhimmel

Schon Homer erzählt, dass der Held Odysseus sein Floß nach den Sternbildern steuerte. In der klassischen Übersetzung der Odysee von Johann Heinrich Voss aus dem Jahre 1781 liest sich das folgendermaßen (5. Gesang, 269 ff.): »Freudig spannte der Held im Winde die schwellenden Segel. Und nun setzt' er sich hin ans Ruder und steuerte künstlich über die Flut. Ihm schloss kein Schlummer die Augen, auf die Pleiaden gerichtet und auf Bootes, der langsam untergeht, und den Bären, den andre den Wagen benennen, welcher im Kreise sich dreht, den Blick nach Orion gewendet, und allein von allen sich nimmer im Ozean badet.« Odysseus hatte den Blick also auf den nördlichen Sternenhimmel gerichtet, auf das Sternbild der Pleiaden (das Siebengestirn), den Bootes, den Bärenhüter, und den Großen Wagen.

Die Griechen organisierten ihren Himmel in vier Sagenzyklen: Perseus, Herakles, Kallisto und Orion. Der Homer-Übersetzer Wolfgang Schadewaldt hat die Sagen in dem Buch »Sternsagen« (Insel TB) wunderbar nacherzählt.

Ptolemäisches und kopernikanisches Weltbild

Bedeutendster Astronom der Antike war der aus dem ägyptischen Alexandria stammende Grieche Ptolemäus. In seinem Hauptwerk zur Mathematik und Astronomie, der »Megiste Syntaxis« (»Größte Zusammenstellung«), von den Arabern, den anderen bedeutenden Astronomen der Antike, »Almagest« genannt, beschreibt er im 2. Jh. n. Chr. das geozentrische Weltsystem, das erst 1543 von Kopernikus' aufgestelltem heliozentrischen Planetensystem abgelöst wurde.

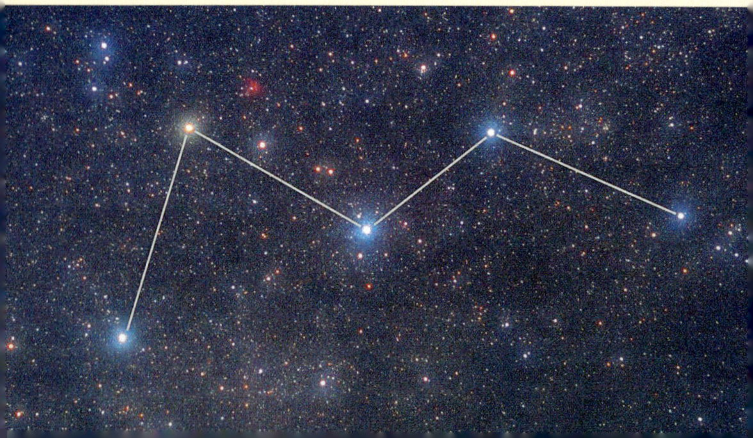

Orientierung am Himmel

Sternbilder sind Sternkonstellationen. Im Jahre 1928 wurde die Bezeichnung der Sternbilder verbindlich mit lateinischen Namen festgelegt. In jedem Schulatlas gibt es zwei Sternkarten, die jeweils den Himmel Richtung Norden und den Himmel Richtung Süden zeigen. Um in die Sterne schauen zu können, ist also nur ein alter Schulatlas und ein Kompass nötig. Damit können Sie feststellen, wo Norden liegt.

Mittelpunkt des nördlichen Sternhimmels ist der Polarstern. Er ist der hellste Stern der Kleinen Bärin (Ursa Minor). In einer Achse darüber, sprich Richtung Süden (steht man Richtung Norden und legt den Kopf in den Nacken, dann bewegt sich der Blick Richtung Süden, also ist auf den Sternkarten im Unterschied zu Landkarten der Süden oben), kommt erst das Sternbild Kepheus, dann Kassiopeia und darüber Andromeda, alle drei Gestalten tauchen im antiken griechischen Perseus-Mythos auf.

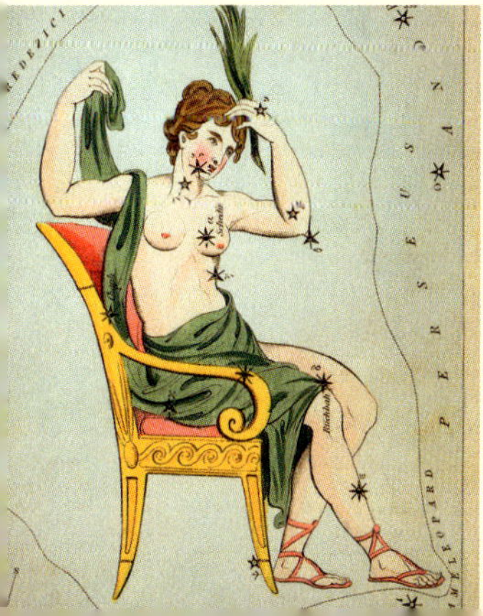

Die Geschichte des Perseus

Perseus, der Sohn des Zeus und der Danae, machte sich auf und schlug nach allerlei trickreichen Finten und, wie immer in der griechischen Sage, mithilfe der Götter der fürchterlichen Medusa, einer der drei Gorgonen, den Kopf ab. Auf dem Heimweg lernte er Andromeda, die Tochter des äthiopischen Königs Kepheus und der Kassiopeia, kennen. Kassiopeia hatte den Zorn des Meergottes Poseidon auf sich gezogen, als sie behauptete, sie sei schöner als die Nereiden, die im Meer lebenden Wassernymphen, die Töchter des Nereus. Daraufhin sandte der Meeresgott Poseidon ein Seeungeheuer und eine Überschwemmung. Um die Götter zu versöhnen, ließ Kepheus seine Tochter Andromeda kurzerhand an einen Felsen am Meer schmieden. Perseus befreite Andromeda, und Kepheus gab sie ihm zur Frau. Später wurde Andromeda von der Göttin Athena unter die Sterne versetzt. Andromeda ist jedoch nicht nur am Sternenhimmel zu bewundern, sondern auch in einem Wandgemälde aus Pompeji aus der »Casa dei dioscuri«, das in Neapel im Museo Archeologico Nationale zu bewundern ist.

Am leichtesten zu erkennen ist am nördlichen Sternhimmel das Sternbild der Großen Bärin (Ursa Maior), das auch großer Wagen oder Himmelswagen genannt wird. Dieses Sternbild befindet sich unterhalb des Polarsterns.

Das »Himmels-W«: die fünf Hauptsterne, die sich zum Sternbild Kassiopeia fügen, rechts als Lochkarte.

Malta

Der kleine Inselstaat trumpft mit barocker Ritterarchitektur und steinzeitlichen Tempelbauten auf.

Vallettas Waterfront erstrahlt in neuem Glanze: Die verschnörkelten Fassaden wurden liebevoll restauriert, mit knallig blauen, grünen und roten Fensterläden und Türen versehen und bilden nun eine hübsche Kulisse für die beliebte Flaniermeile.

Im Herzen des Mittelmeers liegt Malta, einst Bollwerk der Kreuzritter, später britische Kolonie, heute eine gelungene Mischung aus mediterraner Lebensart und englischem Understatement. Die vielen Sprachschüler sorgen in Valletta, der Inselhauptstadt, für eine quirlige Atmosphäre. Einen schönen Gegensatz dazu bildet Mdina, die ehemalige Kapitale, die »die stille Stadt« genannt wird.

Valletta

7000 Einwohner
Stadtplan → S. 140/141

Valletta ist eine recht junge Stadt. Schon ein Bummel über die Republic Street zum **Großmeisterpalast** zeigt deutlich den Charakter der Stadt. Die Straßen sind im Schachbrettmuster angelegt; ein Verlaufen ist unmöglich. Kirchen und Paläste kontrastieren zum kriegerischen Äußeren Vallettas, zeigen Prunk und Wohlstand. Das ständige Auf und Ab der Straßen wird von mehrgeschossigen Wohnhäusern gesäumt, zahllose Holzerker sind für die verwitterten Fassaden farbige Ornamente.

Spaziergang

Vom **City Gate** geht man zunächst die Republic Street hinunter. Man passiert die Ruine des Opernhauses, kann einen Blick in die Häuser der beiden Traditions-Orchester Vallettas, »La Valette« und »The King's Own«, werfen und dort einen Kaffee trinken. Dann kommt man am Archäologischen Museum vorbei zur **St. John's Co-Kathedrale**. Der Markt auf dem Kirchplatz setzt sich auf der Merchants Street fort, von der aus man dann auf den Great Siege Square und die Republic Street zurückkehren sollte. Die Cafés am und auf dem **Republic Square** sind schön für eine Rast, bevor es weitergeht zum **Großmeisterpalast**. Wer Maltas einst verrufenen, heute aber sehr harmlosen Rotlichtbezirk sehen möchte, macht dann einen kurzen Schlenker durch die **Strait Street** und folgt dann wieder der Republic Street bis zum **Fort St. Elmo** mit dem Kriegsmuseum.

Von hier ist es nicht weit zur **Sacra Infermeria** und zur Multivisionsschau **Malta Experience**. Frische Luft schnappen kann man hinterher in den **Lower Barracca Gardens**, wo seit 1992 auch ein Denkmal zur Erinnerung an den Zweiten Weltkrieg steht. Danach geht es über die Archbishop Street wieder bergan zum Großmeisterpalast und von dort am **Manoel Theatre** vorbei zur Kirche **Our Lady of Mount Carmel** mit eindrucksvoller Kuppel. Ein schöner Blick auf den **Marsamxett Harbour** eröffnet sich schließlich von der **St. Salvatore** und der **St. Andrew's Bastion** aus.

Sehenswertes

Fort St. Elmo → S. 141, E/F, 1/2

Das Fort, zwischen 1552 und 1553 von den Johannitern ausgebaut, beherbergt heute die maltesische Freiwilligenarmee und das **Nationale Kriegsmuseum**. An 30 Sonntagen im Jahr findet eine einstündige Parade von etwa 80 Soldaten in historischen Uniformen und Rüstungen aus der Ritterzeit statt.

Besichtigung des Forts Sa 13–17, So 9–17 Uhr; Führungen in englischer Sprache jede volle Stunde; Eintritt 4 €; Paraden So 11 Uhr, Termine unter www.maltafestivals.com; Eintritt 6 €

Grandmaster's Palace → S. 140, C 3

Oberhaupt des Johanniterordens war ein auf Lebenszeit gewählter Großmeister. Er wurde von den Fürstenhäusern Europas als unabhängiger Souverän, als Landesherr Maltas, anerkannt. Entsprechend prächtig fiel sein Palast an der Republic Street aus. Heute sind darin das maltesische Parlament, der Sitz des Staatspräsidenten, die immer noch für offizielle Anlässe genutzten Staatsgemächer und ein Museum untergebracht.

Hagar Qim ist ein eindrucksvolles Beispiel für megalithische Architektur auf Malta.

Der Palast stammt aus der zweiten Hälfte des 16. Jh. Zwei Eingänge führen von der Republic Street auf zwei miteinander verbundene, große grüne Innenhöfe; der Besuchereingang liegt jedoch an der Merchants Street. Am hinteren Ende des Neptunhofes erreicht man über eine Treppe die Säle der Waffenkammer. Vom Prinz-Alfred-Hof führt eine Treppe hinauf in die **Staatsgemächer.** Interessant sind die Deckengemälde und Fresken.
Waffenkammer (Armoury):
tgl. 9–17 Uhr; Eintritt 6 €
Staatsgemächer (State Rooms):
Fr–Mi 10–16 Uhr; Eintritt 6 €

Malta Experience

⋯› S. 141, E 2

Audiovisionsschau in der St. Lazarus Bastion am Grand Harbour. In einer Dreiviertelstunde wird die Geschichte Maltas von der Steinzeit bis zum Unabhängigkeitstag vorgeführt.
www.themaltaexperience.com; Mo–Fr 11–16, Okt.–Juni Sa, So 11–14, Juli–Sept. Sa, So 11–13 Uhr jeweils zur vollen Stunde; Eintritt 9,50 €

St. John's Co-Cathedral

⋯› S. 140, C 3

Die Barockkirche aus den Jahren 1573 bis 1577 war die Hauptkirche des Johanniterordens. In ihr sind über 400 Ritter beigesetzt. Ihre kunstvoll gestalteten Grabplatten aus verschiedenfarbigem Marmor bedecken den gesamten Kirchenboden und viele Nebenräume. In lateinischer Sprache sind darauf Name und Taten des Verstorbenen genannt. Im Museum der Kathedrale sind u. a. 28 flämische Wandteppiche aus dem 17. Jh. ausgestellt. Der größte Schatz des Museums ist ein 1608 entstandenes Altarbild von Michelangelo di Caravaggio im Oratorium, »Die Enthauptung Johannes des Täufers«.
Mo–Fr 9.30–16.30, Sa 9–12.30 Uhr; Eintritt 6 €

Valletta Waterfront

⋯› S. 140, südl. A 4

Unmittelbar neben dem neuen Kreuzfahrten-Terminal wurden zahlreiche alte Lagerhäuser restauriert, die jetzt als trendige Cafés, Bars, Restaurants und Geschäfte genutzt werden. Mit traditionellen Bootstaxis sind Rundfahrten im Grand Harbour möglich.

Museen

National Museum of Archaeology

⋯› S. 140, B 3

Das National Museum of Archaeology ist im ehemaligen »Palast der Ritter der Provence« untergebracht. Es beherbergt viele interessante Funde aus der Zeit der Tempelbauer.
Republic Street; tgl. 9–19 Uhr; Eintritt 3 €

The Knights Hospitallers

⋯› S. 141, E 2

In den Kellergeschossen des alten Ordenshospitals werden mithilfe originaler Gegenstände anschaulich die verschiedenen Aspekte des Krankenhauswesens der Ritterzeit dargestellt.
Sacra Infermeria; tgl. 9.30–17 Uhr; Eintritt 4 €

ESSEN UND TRINKEN

Giannini ⇢ S. 140, A 3

Das Restaurant auf einer Bastion der Stadtmauer bietet seinen Gästen einen grandiosen Ausblick.

23 Windmill Street; Tel. 21 23 71 21; Mo–Fr 12–14 und Mo–Sa 19–24 Uhr ●●●

Cocopazzo ⇢ S. 140, B 3

Das Restaurant serviert kreative maltesisch-mediterrane Küche, auf der Speisekarte steht tagesfrischer Fisch.

South Street (Valletta Buildings); Tel. 21 23 57 06; tgl. 12–15 und 18.30–22 Uhr ●●

EINKAUFEN

Malta Crafts Centre ⇢ S. 140, C 3

Diese Ausstellung maltesischen Kunst- und Kleinhandwerks schafft einen guten Überblick über das, was auf Malta produziert wird. Einen Teil der ausgestellten Objekte kann man auch kaufen.

St. John's Square; 16. Juni–30. Sept. Mo–Fr 9–13.30, 1. Okt.–15. Juni Mo–Fr 9–12.30 und 15–17 Uhr

SERVICE

Malta Tourism Authority Valletta ⇢ S. 140, B 4

1 City Gate Arcades; Tel. 0 03 56/22 91 50 00; www.visitmalta.com; Sept.–Juni tgl. 8–17, Juli/Aug. tgl. 8–14 Uhr

Ausflug

Hagar Qim

Diese steinzeitliche Tempelanlage beim Dorf Qrendi liegt besonders schön in einsamer Natur, oberhalb der hier sanft zum Meer hin abfallenden Küste. Wenn man nur einen Tempel auf Malta besuchen will, sollte es dieser sein.

Er entstand in zwei Phasen um 3500 und um 2800 v. Chr. und besteht aus mehreren Räumen, die von einer gemeinsamen, geschwungenen Fassade eingefasst sind. Ihre Bauweise ist noch gut zu erkennen. Im Allgemeinen bestand sie aus aufrecht stehenden Steinplatten.

Geht man um den Tempelkomplex einmal herum, fallen in der Fassade zwei besonders mächtige **Megalithen** (Großsteine) auf. Der eine beeindruckt durch seine Höhe von 6,4 m, der andere durch seine Gesamtmaße. Er ist 4 m hoch, 7 m lang und 60 cm dick. Sein Gesamtgewicht beträgt um die 20 Tonnen. Sein Transport hierher dürfte unvorstellbare Mühen gekostet haben.

Der **Haupteingang** ist noch sehr gut erhalten. Er wird links und rechts von je einer Reihe von drei senkrecht stehenden Megalithen gebildet, über die eine riesige Deckplatte gelegt wurde. In den jeweils hintersten Megalithen sind noch Löcher erkennbar, in denen einst die Verschlussbalken lagerten. Auffällig sind auch die sogenannten **Fenstersteine.** Das sind senkrecht stehende Steine, in die ovale Löcher eingeschnitten wurden, durch die ein Mensch gerade hindurchsteigen kann. Sie dienten offenbar dazu, den Zugang zu besonderen Räumen des Tempels noch geheimnisvoller und damit vielleicht heiliger zu gestalten. Im »Raum für Gläubige« wird vorstellbar, wie zumindest ein Teil des Tempeldaches konstruiert wurde. An eben jenen Raum schließt sich südöstlich eine kleine Kammer an, die mit diesem Raum nur durch ein kleines Loch in Verbindung steht. Man vermutet, dass in dieser Kammer eine Priesterin saß, die den Pilgern im größeren Raum durch dieses Loch ein Orakel verkündete.

Die »Steine des Gebets«, wie Hagar Qim übersetzt heißt, sind nicht der einzige Tempelkomplex in diesem Gebiet. Nur 10 Minuten entfernt liegen die Tempel von Mnajdra.

15 km südl. von Valletta
tgl. 9–17 Uhr; Eintritt ca. 5 €, zusammen mit Mnajdra 7 €

Mdina

Die Perle unter Maltas Städten, das von mittelalterlichen Mauern umgürtete Mdina, liegt weithin sichtbar in der Mitte der Insel. Mdina wirkt wie ein großes Freilichtmuseum, obwohl in seinen Mauern noch fast 300 Menschen leben. Der Ort ist nahezu autofrei und daher für maltesische Verhältnisse so ruhig, dass man Mdina auch »die Stille Stadt« nennt.

13 km westl. von Valletta

Spaziergang

Man betritt Mdina durch das Hauptstadttor und sieht gleich linker Hand den **Torre dello Stendardo,** einen Flaggenturm der Ritter aus dem frühen 16. Jh. Ihm gegenüber erhebt sich der **Vilhena-Palast** aus dem Jahre 1730, in dem heute ein naturgeschichtliches Museum untergebracht ist. Gleich darauf biegt die Hauptgasse vor einem Benediktinerinnen-Kloster aus dem 17. Jh. nach links ab und wendet sich sogleich wieder nach rechts. Jetzt steht man auf der Hauptstraße Mdinas, der Villegaignon Street. Sie führt vorbei an alten Adelspalästen wie dem **Palazzo Inguanez** und dem **Palazzo Gatto Murina** aus dem 14. Jh. sowie dem alten Rathaus Mdinas, der Banca Giuratale zum Kathedral-Platz mit der **Kathedrale** und dem **Kathedral-Museum**. Dann folgen an der Villegaignon Street der **Palazzo St. Sophia,** dessen Unterbau bereits von 1233 stammt, und der **Palazzo Costanzo,** der heute als Restaurant dient. Dem Palast gegenüber erheben sich die abweisenden Mauern eines **Karmeliter-Klosters.** Wenige Schritte weiter folgt das **Normannische Haus,** dessen Alter strittig ist. Manche datieren zumindest das Untergeschoss in die Zeit um 1100 zurück, andere meinen, der ganze Bau sei erst um 1500 entstanden. Die Villegaignon Street mündet in den **Bastionsplatz** (Bastion Square) auf einer der ehemals fünf Bastionen der Stadt. Von hier aus hat man einen prächtigen Blick über die Insel. Folgt man nun dem Verlauf der Stadtmauer nach rechts, gelangt man zu den **Fontanella Tea Gardens** (→ MERIAN-Tipp, S. 50). Auf dem Rückweg zum Haupttor passiert man das alte Gerichtsgebäude Mdinas, den **Corte Capitanale.** Statt Mdina durch das Haupttor wieder zu verlassen, besteht auch die Möglichkeit, die Inguanez Street zum zweiten Stadttor hinunterzuspazieren, dem **Griechentor.** Von hier aus führt die St. Paul's Street in nur fünf Minuten ins Stadtzentrum von Rabat mit der **St. Paulus-Kirche.** In unmittelbarer Nähe liegen die **Katakomben** aus frühchristlicher Zeit.

MERIAN-Tipp

9 Fontanella Tea Gardens

Einer der schönsten Aussichtspunkte der Insel sind die Fontanella Tea Gardens auf der Stadtmauer von Mdina. Zum Panoramablick werden feine maltesische Kuchen und Gebäck serviert.

Bastion Street, Mdina; im Sommer Mo–Fr 10–23, Sa, So 10–20 Uhr, im Winter 10–18 Uhr

Sehenswertes

Cathedral of St. Peter and St. Paul

Die Peter und Paul geweihte Kathedrale ist ein Werk des maltesischen Architekten Lorenzo Gafà. Sie entstand zwischen 1697 und 1702. Für die Gläubigen ist ein Kreuz neben dem Hauptaltar besonders wichtig. Kreuzritter Gottfried von Bouillon soll es 1099 bei der Eroberung Jerusalems getragen haben. Es kam später in den Besitz der Johanniter, die es von Rhodos nach Malta herüberretteten.

St. Paul's Square, Mdina; Mo–Sa 9.30–11.45 und 14–17, So 15–16.30 Uhr; Eintritt frei

Die »Stille«, die »Alte«, die »Erhabene« – viele Beinamen charakterisieren Mdina, die ehemalige Hauptstadt Maltas, die den höchsten Punkt der Insel wie einen Thron einnimmt.

St. Paul's Catacombs
Die größte unterirdische Grabanlage Rabats wirkt wie ein Labyrinth. Von einer großen, aus dem Fels gehauenen Halle aus führen zahlreiche Gänge an unzähligen Grabkammern im Boden und in den Wänden vorbei. Sie waren die letzte Ruhestätte des »Durchschnittsvolkes«. Einige besonders wohlhabende Familien ließen für Tote aber auch Baldachingräber errichten. Eine Besonderheit sind die steinernen, kreisrunden Agape-Tische, an denen sich die Angehörigen der Toten zu sogenannten Liebesmählern versammelten.
Triq Sant' Agata, Rabat; tgl. 9–17 Uhr; Eintritt 5 €

Tarxien

Der meistbesuchte Tempel der Insel ist mit seinen sechs Einzeltempeln die größte **Tempelanlage** der Republik Malta und stammt aus der Zeit zwischen 3800 und 2800 v. Chr. Die hier entdeckten Fundstücke sind heute allerdings nicht mehr an Ort und Stelle, sondern finden sich im **National Museum of Archeology** (→ S. 48) ausgestellt, in den Tempeln wurden an den jeweiligen Fundstellen gute Kopien platziert.

In Tarxien lässt sich das **Bauprinzip** der meisten maltesischen Tempel gut erkennen. Sie sind in etwa nierenförmig, bestehen aus einem rechteckigen Zentralraum und zwei Nebenräumen. In diesen Tempeln stand eine Reihe verschiedenartig geformter **Altäre**. In Tarxien waren viele dieser Altäre mit Reliefs verziert. Auch die Kopie einer ursprünglich 3 m hohen Monumentalstatue der Magna Mater steht in den Tempeln von Tarxien. Nur ihre untere Hälfte bis hinauf zur Hüfte ist gefunden worden. Die Steinplatte, auf der die Statue steht, ist wie die Altäre mit einem Relief geschmückt. Auffällig sind im Tempelkomplex von Tarxien außerdem große runde **Steinschalen**, die vielleicht für rituelle Waschungen, vielleicht aber auch zur Aufnahme des Blutes von Opfertieren dienten, sowie zwei senkrecht stehende Steinplatten.
6 km von Valletta
Busse 8, 11, 27, 29, 30, 427, 627; tgl. 9–17 Uhr; Eintritt 3 €

Tunesien

Orientalische Exotik und aufregende Fremdartigkeit verspricht das Land am Rande der Sahara.

Über den Dächern von Tunis: Als Wohnzimmer unter freiem Himmel nutzen viele Tunesier ihre Dachterrassen hoch über der Stadt – besonders schön diese mit kunstvollen Kacheln und Blick auf die Zitouna-Moschee, das Wahrzeichen der Stadt.

Blau, grün, braun – das blaue Meer, die grünen Wälder und der Sand der Sahara sind gleichsam ein Symbol für die vielen Gesichter Tunesiens. Morgenland und Abendland, Orient und Okzident treffen hier aufeinander, vor allem in der gemütlichen Metropole Tunis. Und dann ist da noch die Freundlichkeit der Menschen und die jahrhundertealte Tradition der Gastfreundschaft, die dem Besucher schnell das Gefühl geben, herzlich willkommen zu sein.

Tunis

985 000 Einwohner

Die Geschichte von Tunis (der Name geht auf das Berberwort »Tunes« = Kap zurück) ist so alt wie das Land, ja im Grunde älter. Die geografisch einmalige Lage an der leicht zu schützenden Bucht und der schnelle Zugang zum Land boten den Platz zu einer idealen Ansiedlung.

Als arabische Stämme 692 Karthago zerstörten, erlebte Tunis eine gewisse Blütezeit, die 300 Jahre später mit einem verheerenden Angriff arabischer Aufständischer ein abruptes Ende fand. Erst mit Beginn der Hafsiden-Dynastie 1229 begann der unaufhaltsame Aufstieg zur Metropole. Der Ausbau zur Hauptstadt begann zügig erst mit der Kolonialzeit, als sich der französische Gouverneur hier niederließ. Heute ist Tunis der politische, ökonomische und kulturelle Mittelpunkt des Landes.

Spaziergang

Der Spaziergang führt durch das Viertel **Halfaouine**. Um den berühmten volkstümlichen Stadtteil kennenzulernen, fährt man am besten mit der Metro von der Haltestelle direkt hinter der Kathedrale bis **Bab El-Khadra** (2. Haltestelle), läuft dann in Fahrtrichtung, biegt nach nur wenigen Minuten in die erste Straße links, die Rue de miel (Honig-Straße), ein und passiert das noch rudimentär erhaltene Tor **Bab El-Assal** (Honig-Tor), wo einst der Honig aus der Umgebung verzollt und in die Stadt gebracht wurde. Und schon befindet man sich in Halfaouine, dem liebenswerten und in ganz Tunesien bekannten Viertel, dem Herzstück der Medina.

Nach ca. 500 m führt linker Hand ein kreuzgangartiger Souk zum Platz **Halfaouine** mit der imposanten **Großen Moschee.** Der uralte Platz mit seinen immergrünen Bäumen und den tagein, tagaus plätschernden Springbrunnen hat viel von seinem einstigen Charme behalten. Nicht zu vergessen das volkstümliche Kaffeehaus in der Ecke mit der damals üblichen Kachelverkleidung und den bunten Fenstern.

Der Weg geht weiter durch den offenen **Markt** des Viertels, der weder Sonn- noch Feiertag kennt und alles bietet, was Küche, Koch und Haushalt brauchen. Am Ende der Marktstraße mit der ständig schiebenden und drängenden Menschenmenge erreicht man den Platz **Bab Souika**, das zweite Herzstück von Halfaouine. Am linken Ende, direkt neben der Polizeistation, führt die Rue Mongi Slim wieder zurück zur Porte de France.

Sehenswertes

Ez Zitouna (Ölbaummoschee)

Der Grundstein zur Moschee wurde 698 gelegt, im selben Jahr, in dem auch Tunis gegründet wurde. 200 Jahre später wurde sie von dem Aghlabiden-Herrscher Ibrahim Ibn Ahmed völlig neu aufgebaut. Sie ist die nach der Großen Moschee in Kairouan größte und wichtigste Moschee Tunesiens. Im Mittelalter avancierte die der Moschee angeschlossene Universität zu einer der bedeutendsten religiösen Lehrstätten des Islam, die alte Bibliothek verfügt auch heute noch über eine riesige Sammlung arabischer Literatur.

Tgl. 8–14 Uhr (außer Fr); Eintritt 4 tD (auch für alle anderen Sehenswürdigkeiten der Medina gültig)

MERIAN-Tipp

10 Marché Central

Nach aufwendiger Renovierung erstrahlt seit April 2007 die Markthalle von Tunis in neuem Glanz. Mit einer gelungenen Mischung von traditioneller und moderner Architektur (hohe, von Stahlrohren getragene Segel) entstand Tunesiens schönster Markt. Unverändert blieb das bunte, attraktive Angebot an regionalen Früchten und Gemüsen. Orientalische Stimmung verbreiten die Händler in der Fischhalle, die bis zum Mittag mit erheblichem Stimmaufwand ihre täglich frischen Produkte aus dem Meer anbieten.

Tourbet El-Bey
Das Mausoleum, unweit des Palastes Dar Othman gelegen, stammt aus der Zeit der osmanischen Herrschaft (Ende 18. Jh.), was noch deutlich an den steinernen Turbanen erkennbar ist, die die Grabstelen schmücken.

Museen

Musée du Bardo
Bedeutendstes Museum Tunesiens und eines der wichtigsten Afrikas, dessen Besuch man auf keinen Fall versäumen sollte. Das zum einstigen Palast des Bey von Tunis gehörende Haus (hier war der Harem untergebracht) enthält Mosaiken aus dem römischen Tunesien von berückender Schönheit. Im mehrstöckigen Museum sind Exponate aus allen Epochen der Landesgeschichte, von den Numidiern (Berbern) bis in die späte osmanische Zeit, ausgestellt.
Av. du 2 Mars 1934; Metrolinie 4; Di–So 9–17 Uhr; Eintritt 3,150 tD

9

Essen und Trinken

Chez Nous
Restaurant im Stil einer Künstlerkneipe mit preiswertem, sehr gutem Menü.
5, rue de Marseille; Tel. 71/24 30 43 •

Rue Le Caire
In dieser Querstraße der Habib Bourguiba (gegenüber dem Hotel Africa) laden vier blitzsaubere, mittelgroße Restaurants (**Le Sfax, Le Repas, Le Sfaxien, Le Caire**) zu original tunesischer Küche ein. Die Lokalitäten sind bei Einheimischen sehr beliebt und ausgesprochen preisgünstig.

Service

Auskunft
ONTT (staatl. Tourismusorganisation)
1, av. Mohamed V; Tel. 71/34 10 77

Ausflüge

Ichkeul

Der nordwestlich von Tunis gelegene Naturpark von Ichkeul gehört zu den schönsten Gebieten des Landes. Kernstück des Parks sind ein wild bewachsenes Bergmassiv und ein See mit einer Oberfläche von etwa 8500 ha. Der Park wurde mit Unterstützung internationaler Organisationen gegründet, darunter der UNESCO und des World Wildlife Fund.
70 km nordwestl. von Tunis

Karthago (Carthage)

Karthago ist das Zentrum der politischen Macht Tunesiens. Hier befindet sich der herrlich gelegene Palast des Präsidenten, und hier stehen heute die Villen der Mächtigen und Reichen. Trotz der großen Niederlagen im Kampf gegen Rom hat der Name Karthago auch nach Jahrtausenden nichts von seiner Faszination eingebüßt und weist immer noch einen bedeutenden Klang auf. Dabei ist von der punischen Epoche kaum noch etwas zu sehen. Die antiken Ruinenstätten liegen weit verstreut und stammen mit wenigen Ausnahmen aus der römischen Epoche.
16 km nordöstl. von Tunis

Der perfekte Ort für »Shisha« und »Thé à la menthe«: das Café des Nattes in Sidi Bou Saïd, das der Maler August Macke in seinem Bild »Maurisches Café« verewigte.

SEHENSWERTES

Byrsa

Einen Rundgang durch Karthago beginnt man am besten an dieser Stelle an der weithin sichtbaren ehemaligen Kathedrale, von wo aus man auch einen wunderbaren Blick über alle Ausgrabungsorte hinweg aufs Meer hat. Glanzpunkte sind die gewaltige Basilika und das nicht minder große Kapitol, auf dem die heute als Konzertsaal genutzte Kathedrale St-Louis (Acropolium) steht.

Theater

Das von Kaiser Antoninus gebaute Theater bot einstmals 5000 Zuschauern Platz und verfügte über die modernsten Installationen jener Epoche. Es war einst überdacht und mit prächtigen Statuen dekoriert.

Thermen des Antoninus

Die Thermen sind die beliebteste Besucherattraktion in Karthago. Sie liegen direkt am Meer, wurden im 2. Jh. n. Chr. eröffnet und waren mit allem Komfort ausgestattet. Von den reichen Bürgern der Stadt in Auftrag gegeben, sind sie ein Zeugnis des Wohlstands der Stadt. In unmittelbarer Nähe im **Archäologischen Park** liegen sehenswerte Ruinen aus der römischen und byzantinischen Zeit.

Sidi Bou Saïd

Wenn man zu dem an einem Berghang gelegenen Städtchen hinaufwandert, tritt man in eine Traumwelt aus 1001 Nacht ein, woran auch die vielen Busse nichts ändern können, die von früh bis nachmittags Tausende von Touristen in die schmalen Gässchen entladen. Am besten weicht man in die Nebenstraßen aus und entdeckt die Schönheiten der weißen Häuser mit den hellblauen Farbtupfern der Erker, der Fenster und der nietenbeschlagenen Holztüren.

Der deutsche Maler **August Macke** hat das **Café des Nattes** weltberühmt und damit unsterblich gemacht. Man stößt unvermeidlich darauf, wenn man die Hauptstraße hinaufläuft. Von der kleinen Terrasse genießt man einen einzigartigen Ausblick über die Bucht von Tunis.

16 km nordöstl. von Tunis

Marokko

Das maghrebinische Land beschert eine exotische Vielfalt an Farben, Licht, Landschaften und Düften.

300 000 Tonnen Beton, 40 000 Tonnen Stahl, 22 monumentale Tore, ein Dach, das sich in fünf Minuten öffnen lässt, ein 200 Meter hohes Minarett: Ein Bauwerk der Superlative ist die Grande Mosquée Hassan II in Casablanca (→ S. 110).

»Der Tag ist zum Sehen und die Nacht zum Hören da«, besagt ein altes marokkanisches Sprichwort. Tatsächlich gibt es in den quirligen Städten Marokkos einiges zu bestaunen: Von den kunstvollen Berberteppichen bis zur exotischen Tajine – die Marokkaner mögen es farbenfroh!

Tanger

669 685 Einwohner
Stadtplan → S. 109

Golden schwingt sich der Sandstrand um die breite Baie de Tanger. Und die weiße Médina stuft sich labyrinthisch den Hang hinauf. Weit geöffnet, nach Europa hin, präsentiert sich die Kapitale der Region Tanger–Tétouan, Marokkos fünftgrößte Stadt. Nur 30 km von Spanien entfernt, setzen täglich zahlreiche Besucher aus Südandalusien schnell mal über den Sund.

Thriller und Filmemacher verschafften der Meerengenstadt einen üblen Ruf. Während der 33 Jahre ihres Sonderstatus (1923–1956) zog sie als Internationale Zone die Hochfinanz, Spione und Schmuggler, Exzentriker, Künstler und Literaten in ihren Bann. Schon Generationen zuvor faszinierte die Stadt an den zwei Meeren berühmte Maler. Eugène Delacroix war 1832 von ihren Farben und Formen geradezu berauscht. Und 1912 fing Henri Matisse das flirrende Licht der Stadt in seinen Bildern ein. Zeitgenössische Autoren, wie Paul Bowles, Tahar Ben Jelloun und der heftig umstrittene Mohamed Choukri, der hier als Straßenkind lebte, ließen sich zu bekannten Werken inspirieren. Heute ist Tanger ein expandierender Industriestandort mit dem neuen Umschlaghafen Tanger-Méditerranée, ca. 35 km nordöstlich.

Spaziergang

An lauen Sommerabenden spaziert »ganz Tanger« den **Boulevard Pasteur** auf und ab, die älteste Straße Neu-Tangers, eingeweiht 1925. Noch heute ist der Boulevard die führende Geschäftsstraße. Hier liegt auch ein imposanter Aussichtspunkt: Kurz vor der Place Mohammed V grüßen aus Europa die spanische Hafenstadt Tarifa und die Punta Marroqui, das Südkap Spaniens, herüber. Abends zwinkern sich die Lichter der beiden Meerengenanrainer zu. Der kurze Boulevard-Bummel endet im Café de Paris von 1920, dem ältesten der Neustadt.

Sehenswertes

Kasbah → S. 109, a/b 1
Auf dem höchsten Punkt der Médina, 90 m über dem Kliff, umschließt ein separater Mauergürtel die Kasbah mit dem mächtigen **Dar el-Makhzen**. Ein oktogonales, vielfarbig gefliestes Minarett überragt die Palastmoschee. Im ismaïlischen Stil erbaut, diente der Gebäudekomplex im 18. und 19. Jh. als Paschapalast mit Gerichtshof und Gefängnis und beherbergt seit 1922 ein Museum. Auf der Terrasse hinter dem **Bab er-Raha** bietet sich ein schöner Blick auf den Wasserarm zwischen Europa und Afrika.

Museen

Musée de la Kasbah → S. 109, a 1
Volkskunst und Altertümer birgt der **Dar el-Makhzen**. Die zum Innenhof (Marmorsäulen mit Kompositkapitellen) geöffneten Stucksäle zeigen Knüpfteppiche, Berberschmuck, Töpferwaren, Holzschnitzereien, Musikinstrumente und Kalligrafien. Im Obergeschoss sind vorislamische Funde, insbesondere Abgüsse der hellenistischen Bronzen aus Volubilis, zu sehen. In den fünf schweren Zedernholztruhen im **Bit el Mal** verwahrte der Sultan einst seinen Schatz.
Tgl. 9–16.30 Uhr, Di geschl.; Eintritt 10 DH

Essen und Trinken

El-Erz und El-Korsan → S. 109, b 3
Das Hotel El-Minzah beherbergt zwei sehr empfehlenswerte Gourmetrestaurants: **El-Erz** verwöhnt klassisch

Kleinod am Rande des Rif: Chefchaouen im Nordwesten Marokkos.

international, **El-Korsan** zelebriert marokkanische Kochkunst.
85, rue de la Liberté; Tel. 0 39 93 87 87 ●●●

Mamounia Palace → S. 109, b 2
Traditionelle Musiker, Kissen und Küche: Das Ambiente präsentiert sich marokkanisch, aber es werden auch Wein und Bier ausgeschenkt.
6, rue Semmarine, beim Bab Fahs; Tel. 0 39 93 50 99 ●

Café Haffa → S. 109, nordwestl. a 1
Eine Institution, versteckt am Steilhang. Paul Bowles, Truman Capote, William Burroughs tranken hier ihren »Thé à la menthe«. Von den Terrassen schweift der Blick nach Andalusien.
Marshan, hinter dem Stadion

SERVICE

Auskunft → S. 109, b 3

Délégation du Tourisme
29, bd. Pasteur; Tel. 0 39 94 80 50, Fax 0 39 94 86 61; E-Mail: dttanger@yahoo.fr

Ausflüge

Chefchaouen

35 709 Einwohner

Die Hauptstadt der gleichnamigen Provinz ist gewiss das schönste Gebirgsstädtchen Marokkos. Die arabo-andalusische Architektur geht auf die Reconquista-Flüchtlinge aus Al-Andalus zurück, die sich im 15. Jh. unter der Führung von Moulay Ali Ben Rachid hier ansiedelten. Die **Ismaïl-Kasbah** (Ethnografisches Museum) am Platz Outa elHamam stammt aus dem 17. Jh., die **Große Moschee** mit achteckigem Minarett aus dem 15. Jh. Chefchaouen rühmt sich seines köstlichen Wassers aus der **Quelle Ras el-Ma** sowie seiner Webstoffe. Von der Aussichtsterrasse des Hotels Atlas Riad Chaouen hat man einen zauberhaften Blick über die Stadt.
113 km südöstl. von Tanger

Tétouan

320 539 Einwohner

Die »Weiße Taube« im Prärif lockt viele Ausflügler an, zählt doch die Médina von Tétouan zu den sehenswertesten im Land, seit 1997 auch zum Kulturerbe der Welt. Alt-Tétouan wurde ab dem 16. Jh. von Reconquista-Flüchtlingen aus Al-Andalus geprägt und von Moulay Ismaïl mit einer Schutzmauer umgeben. Von 1913 bis 1956 war Tétouan Verwaltungszentrum der spanischen Protektoratszone und Sitz des marokkanischen Kalifen. Aus dieser Zeit stammen die schönen Gebäudefassaden im hispano-maurischen Kolonialstil. In dem Kunsthandwerkszentrum Nordmarokkos besucht man das **Musée Archéologique** und das **Musée Ethnographique**. Einen »guide« vermittelt die Délégation du Tourisme (30, av. Mohammed V; Tel. 0 39 96 19 15, Fax 0 39 96 19 14; E-Mail: dttetouan@menara.ma).
57 km südöstl. von Tanger

Casablanca

2 949 805 Einwohner
Stadtplan → S. 111

Viele assoziieren mit dem klangvollen Namen das hinreißende Liebespaar Bergman und Bogart in dem Kultfilm »Casablanca«. Obgleich weltbekannt, zieht »Casa«, wie die Einheimischen ihr dynamisches Industrie-, Finanz- und Handelszentrum nennen, zumeist nur Geschäftsleute an. Das soll sich ändern. Casablanca will in den Rang der Touristikmetropolen von Weltklasse aufsteigen. Bis 2012 soll die Prachtavenue Royale fertig sein, der Küstenstrich im Umkreis der Grande Mosquée Hassan II wird edel erweitert, eine Marina ist im Bau, City und Médina werden saniert. Schließlich hofft man, durch den Einsatz von Metro und Tramway das chronische Verkehrschaos in den Griff zu bekommen. Die einzige Millionenstadt des Landes verfügt über die größte Universität Marokkos und den größten Handelshafen Afrikas.

Spaziergang

An der stets verkehrsreichen **Place des Nations Unies** mit Fußgängeruntertunnelung pulsiert das Herz der

Wirtschaftsmetropole. Den Platz prägt die stilvolle Fassade des Kettenhotels **Hyatt Regency**, das sich kontrastreich von der Altstadt absetzt. Man schlendert zunächst einige Minuten in östlicher Richtung den alten **Boulevard Mohammed V** entlang, gesäumt von Topgeschäften und Gebäuden aus der Zeit des französischen Protektorats im Art-déco-Mischstil. Am bunten, betriebsamen Zentralmarkt biegt man links in die **Rue Chaouïa** ab und erreicht die **Avenue des Forces Armées Royales** (FAR), die man in westlicher Richtung entlanggeht – vorbei am Hotel Royal Mansour, an Schifffahrts- und Fluggesellschaften, Reisebüros, Autoverleihern und Kunsthandwerks-Basaren.

Danach geht es ein paar Minuten die lärmende **Avenue Hassan II** südwärts. Hier residieren in modernen Hochhäusern die führenden Geldinstitute. Dabei trifft man auf den schönsten Platz der Stadt, die **Place Mohammed V**, umgeben von bemerkenswerten Gebäuden im maurischen Art-déco-Mischstil: links der Amtssitz des Wali der Wilaya mit einem 50 m hohen Uhrturm, im Hintergrund die Grünanlage der Justizpalast und rechter Hand ein 1965 von Spaniern erbauter Hochstrahlbrunnen. Erholung vom hektischen City-Lärm und kulinarischen Genuss verspricht das marokkanische Restaurant **El-Baia** des Hotels Casablanca Plaza (Rond Point Hassan II; Tel. 0 22 48 80 00 ●●●). Im 15. Stockwerk fesselt der Panoramablick über Marokkos größte Stadt.

Sehenswertes

Aïn Diab S. 111, westl. a 1

Das Wohn- und Vergnügungsviertel erstreckt sich 7 km westlich vom Hafen parallel zur Atlantikküste und ist ausgestattet mit modernen Strandbädern, Hotels, Terrassenrestaurants und -cafés, Nightclubs und Discos. Im Juli und August herrscht hier Massenbetrieb. Südlich davon liegt der populäre Sandstrand Sidi Abd er-Rahman.

Grande Mosquée Hassan II S. 111, a 1

10

Marokkos neues Wahrzeichen erstrahlt am Boulevard Sidi Mohammed Ben Abdallah, in Richtung Aïn Diab. Der Welt höchster Sakralbau, eingeweiht 1993, schließt außer der Freitagsmoschee für 100 000 Gläubige eine **Medersa** (theologische Hochschule), Konferenzsäle, Fachbibliothek und eine Tiefgarage ein. Der Koranvers »Gottes Thron stand auf dem Wasser« inspirierte den Monarchen dazu, sein Kulturdenkmal in das Schelfmeer vorzurücken. Weithin sichtbar strebt das Vierkantminarett 200 m himmelwärts. An dem vom Pariser Architekten Michel Pinseau (1924–1999) konzipierten, einzigartigen Kultbau arbeiteten 35 000 Menschen sieben Jahre lang. Die Synthese von Hightech und maurischer Kunst kostete 0,5 Mrd. €.

Führungen: 9, 10, 11, 14 Uhr, außer Fr und an Feiertagen, im Ramadan nur vormittags; Eintritt 120 DH

Museen

Musée Villa des Arts S. 111, a 3

In der restaurierten Villa, die sich im Art-déco-Stil der Dreißigerjahre präsentiert und für die Besucher ein Café im Garten bereithält, wird moderne Malerei marokkanischer Künstler gezeigt – die Weke umfassen die Zeitspanne von 1950 bis zur Gegenwart.

30, bd. Brahim Roudani; Di–Sa 9–19 Uhr, Fei geschl.; Eintritt frei

Essen und Trinken

Café-Restaurant Sqala S. 111, b 1

Wer aus dem Hochhaus-Ambiente in altes Gemäuer entfliehen möchte, der begebe sich zur Sqala, einer Verteidigungsanlage aus dem Jahr 1769 in der Altstadtmauer. 2002 wurde in dem Bollwerk ein romantisches Café-Restaurant eingerichtet, das marokkanische Gerichte serviert.

Bd. des Almohades, gegenüber dem Port de Pêche, Médina; Tel. 0 22 26 09 60; tgl. 10–24 (Sommer), 10–18 Uhr (Winter) ●●

Einkaufen → S. 111, b/c 2 und a 3
Shoppingstraßen sind der **Bd. Mohammed V** und die Av. **Prince Moulay Abdallah** (hinter dem Palais de Justice). Am **Bd. F. H. Boigny** reihen sich Souvenirläden. Label-Boutiquen gibt es im Quartier Maârif (Twin Center).

Service

Auskunft → S. 111, b 2
Kiosque d'information touristique
Pl. Mohammed V; www.casablanca.ma

Ausflug

Rabat

627 932 Einwohner

Als Hauptresidenz des Königs, Sitz des Parlaments, der Botschaften und der ausländischen Kulturinstitute, der Académie Royale, der Universität Mohammed V und zahlreicher Fachhochschulen hat die Atlantikstadt tagsüber einen hektischen Auto-, Bus- und Fußgängerverkehr zu bewältigen.
90 km nordöstl. von Casablanca

Sehenswertes

Mausolée Mohammed V
Das Mausoleum ist eine der bedeutendsten Grabmoschee-Anlagen des islamischen Kulturkreises, errichtet nach den Plänen des vielfach preisgekrönten vietnamesischen Architekten Vo Toan und nach zehnjähriger Bauzeit 1971 vollendet. Unter Verwendung kostbarster Materialien und Hochtechnologie wurden die Stahlbetongerüste von den großen Meistern Marokkos neomaurisch verschalt.
Im Ostteil der Neustadt; tgl. 9–18 Uhr; Eintritt frei

Gibraltar

Die britische Kronkolonie am Mittelmeer ist der ewige Zankapfel der Spanier und Engländer.

Einst als Haustiere für die britischen Garnisonen auf die Felseninsel an der Südspitze der Iberischen Halbinsel gebracht, sind die possierlichen Berberaffen heute eine der Hauptattraktionen für Gibraltar-Touristen.

Gibraltar

26 400 Einwohner

Im britischen Gibraltar fühlt man sich ins England der 1960er-Jahre versetzt. Die Enklave liegt auf einem Felsen in der Bucht von Algeciras. Der Felsen ist eine der beiden in Homers Odyssee vorkommenden Säulen des Herkules. Der Name Gibraltar geht auf Djebel al-Tarik (Felsen des Tarik) zurück, was daran erinnert, dass hier im Jahre 711 die Mauren aus Nordafrika kommend an Land gingen. Ihr legendärer Führer war Tarik ibn Zeyad. Die Herrschaft der Moslems endete erst 1462. Von der Maurischen Burg (oberhalb vom Casemates Square) ist nur der Turm von 1333 erhalten. Im Jahre 1552 wurde die Festung Gibraltar unter Leitung des Mailänders Giambattista Calvi verstärkt, um dem Korsaren Barbarossa standzuhalten. Im Jahre 1704 wurde der Felsen von einer englisch-holländischen Flotte eingenommen. Auch die große Belagerung der Spanier in den Jahren 1779 bis 1783 sowie die Blockade im Februar 1985 blieben ergebnislos. Catalan Bay, der Strand von Gibraltar mit einer Fischeransiedlung liegt auf der Ostseite des Felsen.

Spaziergang

Vom Cruise-Ship Terminal führt die Waterport Wharf Road über den Kreisverkehr zum Grand Casemates Square. In den Kasernen am Platz lebten früher marokkanische Arbeiter, im Augenblick werden sie in ein Einkaufszentrum umgebaut. Am Grand Casemates Square beginnt die **Main Street**, die Fußgängerzone, mit allen Läden, die man von einer britischen Einkaufsmeile erwarten kann. Linkerhand am Cathedral Square steht die **Cathedral of St. Mary the Crowned**. Die katholische Kirche wurde nach der Belagerung 1787 neu errichtet. Ebenfalls links zweigt die Library Street zur 1804 errichteten **Garnisonsbibliothek** (Garrison Library) ab. Wiederum links an der Main Street liegt das Gebäude des Supreme Court (Oberstes Gericht) von 1820. Rechterhand befindet sich die **King's Chapel**, die ursprünglich zu einem Franziskanerkloster aus dem 16. Jh. gehörte. In dem Klostergebäude (»Convent«) residiert seit 1728 der Gouverneur von Gibraltar. Die Säulenvorhalle des Gebäudes stammt aus dem Jahr 1864. Gegenüber des Convent liegt das mit zwei Kanonen bewehrte Haus der Wache. Durch das Southport Gate verlässt man die Altstadt. Linkerhand liegt der **Trafalgar Cemetery**. Hier sind die britischen Seeleute begraben, die 1805 in der Schlacht von Trafalgar den Tod fanden. Rechts der Europa Road befinden sich, eine Oase der Ruhe nach der geschäftigen Einkaufsstraße, die **Alameda Botanical** Gardens, in denen man etwas verschnaufen kann, bevor man sich entweder zu Fuß oder mit der Seilbahn auf den Gibraltar Rock (426 m) begibt.

Sehenswertes

Alameda Botanical Gardens

Die Gärten wurden Anfang des 19. Jh. vom Gouverneur Gibraltars angelegt. Die Büste des Herzogs von Wellington wurde 1820 aufgestellt. Eine weitere Skulptur erinnert an Molly Bloom aus James Joyce »Ulysses« (1922), die laut Roman in Gibraltar gebürtig war. Hier wachsen u. a. die sonst auf den Kanarischen Inseln beheimateten Drachenbäume.

Red Sands Road; www.gibraltargardens.gi; 8 Uhr bis Sonnenuntergang;

Nelson's Anchorage

Hier wurde Nelsons Leiche nach der Seeschlacht bei Trafalgar (einem Kap südöstlich von Cádiz) am 21. Oktober 1805 von der HMS Victory an Land gebracht, angeblich in einem Fass Rum. Der Sieg sicherte die Seeherrschaft Großbritanniens für das folgende Jahrhundert.

Rosia Road; Mo–Sa 9.30–17.15 Uhr; Eintritt 1 £

St. Michaels Cave

In dieser Tropfsteinhöhle befand sich während des zweiten Weltkriegs ein bombengeschütztes Krankenhaus. Heute werden hier gelegentlich Konzerte veranstaltet.

Cave Branch Road; tgl. 10–19, im Winter 10–17.30 Uhr; Eintritt 1 £

Upper Rock Nature Reserve

Hier leben die einzigen wilden Affen Europas (niedliche, schwanzlose Makaken). Die größten Aussichten, auf die Affen zu stoßen, hat man bei der Affenhöhle (Apes' Den) beim Haltepunkt der Seilbahn auf halber Höhe (Zwischenstopp im Preis eingeschlossen). Es gilt Sonnenhüte, Handtaschen und Fotoapparate gut festzuhalten, für die die Affen eine besondere Vorliebe besitzen. Vom Gipfel des sog. Affenfelsens bietet sich bei klarem Wetter ein Blick zum Atlasgebirge auf der marokkanischen Seite.

Der Aufstieg zu Fuß über die Mediterranean Steps (empfehlenswert nur für Schwindelfreie) nimmt etwa zwei Stunden in Anspruch.

Tgl. 9.30–19 Uhr; Eintritt 8 £; Seilbahn ab Red Sands Road 9.30–17.15 Uhr; Rückfahrkarte 8 £ (bei schlechtem Wetter oder starkem Wind wird der Betrieb der Seilbahn eingestellt).

Museen

Gibraltar Museum

Das Museum befindet sich in einem Gebäude über einem Badehaus aus maurischer Zeit (14. Jh.). Die Ausstellung lässt keine Fragen zur Geschichte Gibraltars offen.

Bomb House Lane; Tel. 20 07 42 89; Mo–Fr 10–18, Sa 10–14 Uhr; Eintritt 2 £

Essen und Trinken

House of Sacarello

Das Restaurant ist bekannt für seine »cream teas« (Tee mit Scones – süße Brötchen) und seine leckeren vegetarischen Gerichte.

Irish Town; Tel. 20 07 06 25; Mo–Fr 9–19.30 und Sa 9–15 Uhr ●●

La Mamela

Gutes Fischrestaurant am Südende des Strands von Gibraltar.

Catalan Bay; Tel. 20 07 23 73, Bus Route 4 ●●

Lord Nelson

In diesem Lokal, dessen Einrichtung an das Schiff von Lord Nelson erinnert, isst man vorzugsweise die typischen Fish and Chips.

Casemates Square; Tel. 20 05 00 00 ●

Einkaufen

Die Läden sind in der Regel von Montag bis Freitag zwischen 9 und 19.30 geöffnet, samstags bis 13 Uhr.

Gibraltar Bookshop

Gut sortierte englische Buchhandlung.

300 Main Street; Tel. 20 07 18 94

Marks & Spencer

Das britische Edelwarenhaus gibt es auch in Gibraltar. Falls Sie das dringende Bedürfnis verspüren sollten, Wedgwood Porzellan zu kaufen.

215 b Main Street, Tel. 20 07 58 57.

Safeway

Der riesige Supermarkt liegt am Nordende des Hafens. Hier erledigen die »Expats«, die Briten die an der Costa del Sol leben, den Großeinkauf.

Europort

Service

Touristenbüro

Casemates Square; Tel. 20 07 49 82; Mo–Fr 9–17.30, Sa 10–15 und So 10–13 Uhr; www.gibraltar.gov.gi, eine Filiale des Touristenbüros befindet sich am Cruise-Ship Terminal in der Waterport Wharf Road und ist geöffnet, wenn ein Schiff am Kai liegt.

Zeitung

Die Gibraltar Chronicle ist die zweitälteste englischsprachige Zeitung der Welt. Sie wurde 1801 gegründet. www.chronicle.gi. Weiterhin: www.thegibraltarmagazine.com

Wissenswertes über das westliche Mittelmeer

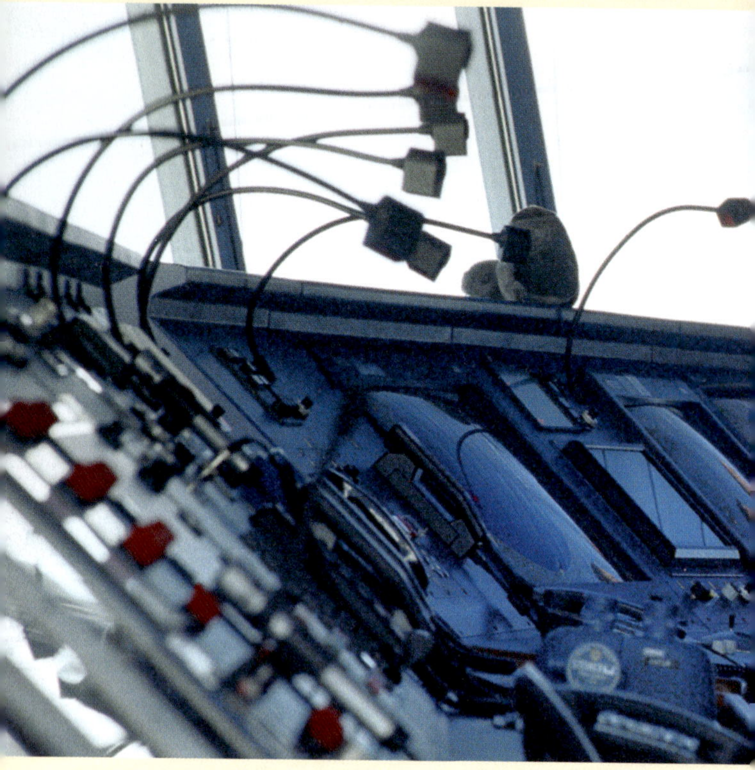

Dem Kapitän eines Kreuzfahrtschiffs obliegt neben repräsentativen Aufgaben, etwa die Begrüßung der Gäste und die Teilnahme an den Mahlzeiten, die Verantwortung für den Bord- und Brückenbetrieb. Vertreten wird er vom Ersten Offizier.

Fragen zu Anreise, Bordwährung oder Buchung? Hier finden Sie alle Informationen, die Sie für eine Kreuzfahrt im westlichen Mittelmeer benötigen – mit Essdolmetscher und Sprachführer.

Nie wieder sprachlos

Spanisch

Aussprache

c	vor dunklen Vokalen wie k (como), vor hellen Vokalen wie engl. th (gracias)
ch	wie tsch (ocho)
h	wird nicht gesprochen
j	wie ch (jueves)
ll	wie lj (calle)
ñ	wie nj (mañana)
qu	wie k (quisiera)
s	wie ss (casa)
y	wie j (hoy)
z	wie engl. th (diez)

Wichtige Wörter

ja	*sí*
nein	*no*
danke	*gracias*
Wie bitte?	*¿cómo?*
Ich verstehe nicht	*No entiendo*
Entschuldigung	*perdón*
Hallo	*hola*
Guten Morgen	*buenos días*
Guten Tag	*buenas tardes*
Guten Abend	*buenas noches*
Ich heiße ...	*Me llamo ...*
Wie geht's?	*¿Qué tal?/¿Cómo*
Danke, gut.	*Bien, gracias.*
wer, was, welcher	*quien, que, cual*
wann	*cuando*
wie lange	*cuanto tiempo*
Sprechen Sie deutsch/englisch?	*¿Habla alemán/inglés?*
heute	*hoy*
morgen	*mañana*
gestern	*ayer*

Zahlen

eins	*uno*
zwei	*dos*
drei	*tres*
vier	*cuatro*
fünf	*cinco*
sechs	*seis*
sieben	*siete*
acht	*ocho*
neun	*nueve*
zehn	*diez*
einhundert	*cien*
eintausend	*mil*

Wochentage

Montag	*lunes*
Dienstag	*martes*
Mittwoch	*miércoles*
Donnerstag	*jueves*
Freitag	*viernes*
Samstag	*sábado*
Sonntag	*domingo*

Unterwegs

rechts	*a la derecha*
links	*a la izquierda*
geradeaus	*recto*
Wie kommt man nach ...?	*¿Por dónde se va a...?*
Wo ist ...	*¿Dónde está ...*
– die nächste Bank?	*– el próximo banco?*
Wo finde ich ...	*¿Dónde encuentro ...*
– einen Arzt?	*– un medico?*
– eine Apotheke?	*– una farmacia?*
Eine Fahrkarte nach ... bitte!	*¡Quisiera un pasaje a ..., por favor!*

Essen und Trinken

Die Speisekarte bitte!	*El menu, ¡por favor!* [el menu por fabor]
Die Rechnung bitte!	*La cuenta, ¡por favor!*
Ich hätte gern ...	*Quisiera ..., ¡por favor!*
Kellner/-in	*camarero/camarera*
Mittagessen	*almuerzo*
Abendessen	*cena*

Einkaufen

Haben Sie ...?	*¿Hay ...?*
Wie viel kostet ...?	*¿Cuánto vale ...?*
geöffnet/geschlossen	*abierto/cerrado*

Französisch

Aussprache

~ über einem Vokal bedeutet, dass er nasal ausgesprochen wird:

ã wie chance

ẽ wie terrain

õ wie bonbon

Wichtige Wörter und Ausdrücke

Ja	*oui*
Nein	*non*
danke	*merci*
Wie bitte?	*comment*
Ich verstehe nicht	*je ne comprends*
Entschuldigung	*pardon/excusez-moi*
Hallo	*salut*
Guten Morgen/Tag	*bonjour*
Guten Abend	*bonsoir*
Auf Wiedersehen	*au revoir*
Ich heiße ...	*je m'appelle*
Ich komme aus ...	*je suis de*
Wie geht's?	*comment allez-vous/vas-tu*
Danke, gut.	*bien, merci*
wer, was, welcher	*qui, quoi, lequel*
wann	*quand*
wie viel	*combien*
wie lange	*combien de temps*
Sprechen Sie deutsch/englisch?	*parlez-vous allemand/anglais*
heute	*aujourd'hui*
morgen	*demain*
gestern	*hier*

Zahlen

eins	*un, une*
zwei	*deux*
drei	*trois*
vier	*quatre*
fünf	*cinq*
sechs	*six*
sieben	*sept*
acht	*huit*
neun	*neuf*
zehn	*dix*
einhundert	*cent*
eintausend	*mille*

Wochentage

Montag	*lundi*
Dienstag	*mardi*
Mittwoch	*mercredi*
Donnerstag	*jeudi*
Freitag	*vendredi*
Samstag	*samedi*
Sonntag	*dimanche*

Unterwegs

Wie kommt man nach ...?	*pouvez-vous m'indiquer le chemin pour aller à*
Wo ist ...	*où se trouve*
– die nächste U-Bahn?	*– l'arrêt de métro le plus proche*
– die Touristeninformation?	*– l'office de tourisme*
Eine Fahrkarte nach ... bitte!	*un ticket pour ... s'il vous plaît!*
rechts	*à droite*
links	*à gauche*
geradeaus	*tout droit*
Wo finde ich ...	*où est-ce que je trouve*
einen Arzt?	*un médecin*
eine Apotheke?	*une pharmacie*

Essen und Trinken

Die Speisekarte bitte!	*la carte s'il vous plait*
Die Rechnung bitte!	*l'addition s'il vous plaît*
Ich hätte gern ...	*Je vais prendre*
Wo finde ich die Toiletten (Damen/Herren/	*où sont les toilettes? dames, hommes)*
Kellner/-in	*monsieur/mademoiselle/madame*

Einkaufen

Wo gibt es ...?	*où se trouve*
Haben Sie ...?	*avez-vous*
Wie viel kostet ...?	*combien ça coûte?*
Das ist zu teuer	*c'est trop cher*
Briefmarken für einen Brief/eine Postkarte nach ...	*des timbres pour une lettre carte postale pour*

Italienisch

Wichtige Wörter und Ausdrücke

ja	*sì*
nein	*no*
danke	*grazie*
Wie bitte?	*prego, come?*
Ich verstehe nicht	*non capisco*
Entschuldigung	*scusa, scusi*
Hallo	*ciao*
Guten Morgen/ Guten Tag	*buon giorno*
Guten Abend	*buona sera*
Auf Wiedersehen	*arrivederci*
Ich heiße ...	*mi chiamo ...*
Ich komme aus ...	*(io) vengo da ...*
Wie geht's?	*Come va?*
Danke, gut.	*Bene, grazie.*
wer, was, welcher	*chi, (che) cosa, quale*
wann	*quando*
wie viel	*quanto*
wie lange	*per quanto tempo*
Sprechen Sie deutsch/ englisch?	*Lei parla il tedesco/l'inglese?*
heute	*oggi*
morgen	*domani*
gestern	*ieri*

Zahlen

eins	*uno*
zwei	*due*
drei	*tre*
vier	*quattro*
fünf	*cinque*
sechs	*sei*
sieben	*sette*
acht	*otto*
neun	*nove*
zehn	*dieci*
einhundert	*cento*
eintausend	*mille*

Wochentage

Montag	*lunedì*
Dienstag	*martedì*
Mittwoch	*mercoledì*
Donnerstag	*giovedì*
Freitag	*venerdì*
Samstag	*sabato*
Sonntag	*domenica*

Unterwegs

rechts	*destra*
links	*sinistra*
geradeaus	*diritto*
Wie weit ist es nach ...?	*Quanto è distante ...?*
Wie kommt man nach ...?	*Come si arriva a ...?*
Wo ist ...	*Dove è ...*
– der Bahnhof?	*la stazione?*
– die nächste Bank?	*– la banca più vicia?*
Wo finde ich ...	*Dovo trovo ...*
– einen Arzt?	*un medico?*
– eine Apotheke?	*una farmacia?*
– die Touristeninformation?	*– l' informazione turistica?*
Eine Fahrkarte nach ... bitte!	*Per favore, un biglietto per ...!*

Restaurant

Die Speisekarte bitte!	*Il menu, per favore!*
Die Rechnung bitte!	*Il conto, per favore!*
Ich hätte gern ...	*Vorrei ...*
Auf Ihr Wohl!	*Cincin!*
Wo finde ich die Toiletten?	*Dove trovo i gabinetti?*
Kellner	*cameriere*
Kellnerin	*cameriere*
Frühstück	*prima colazione*
Mittagessen	*pranzo*
Abendessen	*cena*

Einkaufen

Wo gibt es ...?	*Dove è ...?*
Haben Sie ...?	*Lei ha ...?*
Wie viel kostet ...?	*Quanto costa ...?*
Das ist zu teuer	*Costa troppo*
Das gefällt mir/ gefällt mir nicht.	*Questo mi piace/ Non mi piace.*
Ich nehme es.	*lo prendo.*
geöffnet	*aperto*
geschlossen	*chiuso*

Englisch

Wichtige Wörter und Ausdrücke

Ja	*Yes*
Nein	*No*
Bitte	*please*
Gern geschehen	*My pleasure/ you're welcome*
Danke	*Thank you*
Wie bitte?	*Pardon?*
Ich verstehe nicht	*I don't understand*
Hallo	*Hello*
Einen Augenblick, bitte	*One moment, please*
Entschuldigung	*Sorry/I beg your pardon/ excuse me*
Guten Morgen	*Good morning*
Guten Tag	*How do you do*
Guten Abend	*Good evening*
Ich heiße ...	*My name is ...*
Ich komme aus ...	*I come from ...*
Wie geht's?	*How are you?*
Danke, gut	*Fine, thanks*
Wer, was, welcher	*Who, what, which*
Wie viel	*How many/how much*
Wo ist ...	*Where is ...*
Wann	*When*
Wie lange	*How long*
Sprechen Sie Deutsch?	*Do you speak German?*
Auf Wiedersehen	*Good bye*
Heute	*Today*
Morgen	*Tomorrow*

Zahlen

eins	*one*
zwei	*two*
drei	*three*
vier	*four*
fünf	*five*
sechs	*six*
sieben	*seven*
acht	*eight*
neun	*nine*
zehn	*ten*
einhundert	*one hundred*
eintausend	*one thousand*

Wochentage

Montag	*Monday*
Dienstag	*Tuesday*
Mittwoch	*Wednesday*
Donnerstag	*Thursday*
Freitag	*Friday*
Samstag	*Saturday*
Sonntag	*Sunday*

Unterwegs

Wie weit ist es?	*How far is it to ...?*
Wo ist ...?	*Where is ...?*
– die nächste Bus-Station	*– the nearest bus terminal*
– die Bank	*– the bank*
Wo finde ich einen Arzt/ eine Apotheke?	*Where do I find a doctor/ a pharmacy?*
rechts	*right*
links	*left*
geradeaus	*straight ahead*
Eine Fahrkarte nach ... bitte	*A ticket to ... please*

Restaurant

Die Speisekarte bitte	*Could I see the menu, please?*
Die Rechnung bitte	*Could I have the bill, please?*
Ich hätte gern einen Kaffee	*I would like to have a cup of coffee*
Wo finde ich die Toiletten?	*Where are the washrooms?*
Kellner	*waiter*
Frühstück	*breakfast*
Mittagessen	*lunch*
Abendessen	*dinner*

Einkaufen

Haben Sie ...?	*Do you have ...?*
Wie viel kostet das?	*How much is this?*
Das ist zu teuer	*That's too much*
Danke, das ist alles	*Thank you, that's it*
geöffnet/ geschlossen	*open/closed*
Bäckerei	*bakery*
Kaufhaus	*department store*
Markt	*market*
Lebensmittelgeschäft	*supermarket/ grocery shop*

Die wichtigsten kulinarischen Begriffe

Spanisch

A/B

aceite: Öl
aceitunas: Oliven
ajo: Knoblauch
a la espalda: Fisch gebraten oder vom Grill
a la parilla: vom Holzkohlegrill
a la plancha: vom heißen Blech
a la sal: Fisch/Fleisch in Salzkruste
albóndigas: Fleischbällchen
alcachofas: Artischocken
al horno: aus dem Ofen
almejas: Herzmuscheln
anchoas: Anchovis, Sardellen
arroz: Reis
atún: Thunfisch
bacalao: Stockfisch, Klippfisch
berenjenas: Auberginen
besugo: Graubarsch
bistec: Beefsteak

C

café con leche: Kaffee mit viel Milch
– *cortado:* Kafee mit wenig Milch
– *solo:* Espresso
calabacín: Zucchini
caldo: Suppe/Brühe
caracoles: Schnecken
carne: Fleisch
cava: Sekt
cerdo: Schweinefleisch
cerveza: Bier
chorizo: pikante Wurst
chuleta: Kotelett
churros: frittierter Spritzteig (dünn)
conejo: Kaninchen
cordero: Lamm
crudo: roh

D/E/F

dorada: Goldbrasse
dulces: Süßigkeiten
embutido: Wurst
ensaïmada: Hefeteigschnecke
ensalada: Salat
escalopa: Schnitzel
fideos: Nudeln
flan: Karamellcreme

G/H/I

gambas: Garnelen
gazpacho: kalte Gemüsesuppe
gigote: Hackbraten
guisado: Gulasch, Schmorfleisch
hìgado: Leber
huevo: Ei
jamón dulce: gekochter Schinken
– *ibérico:* luftgetrockneter Schinken vom iberischen Schwein,
– *serrano:* luftgetrockneter Schinken

L/M/N

leche: Milch
lengua: Zunge
lenguado: Seezunge
mariscos: Meeresfrüchte
mejillones: Miesmuscheln
merluza: Seehecht
nata batida: Schlagsahne

P/Q/R

paella: Reispfanne
pan: Brot
pasas: Rosinen
pasteles: Kuchen
pato: Ente
pechuga: (Geflügel-)Brust
pepino: Gurke
pescado: Fisch
pimiento: Paprikaschote
pincho: Stück (Tortilla etc.)
pollo: Hähnchen, Huhn
porras: frittierter Spritzteig (dick)
pulpo: Tintenfisch
queso: Käse
– *blanco:* Schafs-, Ziegenkäse
– *fresco:* Frischkäse
requesón: Quark, Frischkäse
riñones: Nieren

S/T/V

salchichas: Würstchen
sandía: Wassermelone
solomillo: Filetsteak
ternera: Kalb
tortilla francesa: Omelett
– *española:* Kartoffelomelett
trucha: Forelle

Französisch

A/B

agneau: Lamm
aiguillettes: schmale Fleischstreifen, oft vom Geflügel
blette: Mangold
bœuf: Ochse, Rind
brochet: Hecht
brochette: kleiner Bratspieß

C

canard: Ente
carpe: Karpfen
carré: Rippenstück
cassoulet: Eintopf mit weißen Bohnen
cèpes: Steinpilze
cerf: Hirsch
cervelas: Brühwurst aus Schweine- und/oder Rindfleisch
chausson: Blätterteigtörtchen
chou blanc: Weißkohl
choucroute: Sauerkraut
coq: Hahn
coquillages: Muscheln
côte: Rippenstück
courgettes: Zucchini
crème chantilly: Schlagsahne
crevettes: Garnelen
cru: roh (Schinken)
crudités: Rohkostsalate
crustacés: Krustentiere

D/E

daube: Schmortopf
dinde: Pute
dindon: Truthahn
éclair: Brandteiggebäck
endives: Chicorée
entrecôte: Lendenstück
épinards: Spinat
escalope: Schnitzel
escargots: Schnecken

F/G

faisan: Fasan
feuilleté: in Blätterteig
flageolets: junge weiße Bohnen
foie: Leber
fromage (blanc): Käse (Quark)
gâteau: Kuchen
gibier: Wild
gigot: Keule
girolles: Pfifferlinge
grenouille: Frosch

H/I

haricots: Bohnen
homard: Hummer
huîtres: Austern
infusion de camomille: Kamillentee
– de menthe: Pfefferminztee

L/M

lait: Milch
langouste: Languste
langue: Zunge
lapin: Kaninchen
légumes: Beilagen, Gemüse
lièvre: Hase
lotte: Seeteufel
maquereau: Makrele
morilles: Morcheln
morue: Kabeljau
moules: Miesmuscheln
mouton: Hammel

O/P

oie: Gans
pâté: Pastete
petits pois: Erbsen
poisson: Fisch
poitrine: Brust
porc: Schweinefleisch
poulet: Hühnchen
poussin: Küken

Q/R

quenelles: Klößchen aus Fleisch
riz: Reis
rognons: Nieren

S/T/V

sandre: Zander
sanglier: Wildschwein
saumon: Lachs
sole: Seezunge
thon: Thunfisch
tortue: Schildkröte
tournedos: Rindsfilet
tranche: Scheibe
tripes: Kutteln, Kaldaunen
truite: Forelle
veau: Kalb

Italienisch

A/B

aglio: Knoblauch
agnolotti: eine Art Ravioli
arrosto: Braten, gebraten
asparago: Spargel
baccalà: Stockfisch
bistecca: Steak
bollito: gekocht
alla brace: auf Holzglut gebraten
branzino: Seebarsch
brasato: Schmorbraten, geschmort
brodo: Bouillon

C

cacciucco: pikante Fischsuppe
cannolo: Teigröllchen gefüllt mit Käse (süß), oft mit Nougat und kandierten Früchten
cape sante: Jakobsmuscheln
cape longhe: Muschelart
capretto: Zicklein
carciofi: Artischocken
cece: Kichererbse
cefali: Meeräschen
cinghiale: Wildschwein
cipolla: Zwiebel
coda di rospo: Seeteufel
codeghin: Schweinswurst
coniglio: Kaninchen
costata: Entrecôte
cozze: Muscheln

D/F

datteri di mare: Muschelart
dentice: Zahnbrasse
fagiolata: Bohnengericht
fegato: Leber
fettuccine: flache Bandnudeln
finocchio: Fenchel
focaccia: Brot mit Olivenöl, oft belegt mit Zwiebeln oder Tomaten
frittata: Omelett
fritto: frittiert

G/I

gallina: Henne
gambero: Krebs
insalata: Salat
– *mista:* gemischter Salat
– *verde:* grüner Salat
involtini: Fleischrouladen

L/M

lenticchie: Linsen
lepre: Hase
linguine: schmale Bandnudeln
lumache: Schnecken
macedonia di frutta: Obstsalat
maiale: Schwein
manzo: Rindfleisch
melanzana: Aubergine
merluzzo: Kabeljau
minestrone: dicke Gemüsesuppe

O/P

olio: Öl
alla paesana: Mit Speck, Kartoffeln, Karotten und anderen Wurzelgemüsen
pancetta: Bauchspeck
pappardelle: lange, breite Nudeln
pasta e fagioli: Nudeln mit Bohnensuppe
patate: Kartoffeln
pesce: Fisch
pollo: Huhn
polpetta di carne: Fleischbällchen
polpo: Krake
pomodoro: Tomate
porcini: Steinpilze
profiterole: kleine gefüllte Windbeutel

R/S/T

ricotta: weicher Schafmilchkäse
salsiccia: würzige Schweinswurst
saltimbocca: Kalbfleisch mit Schinken, Salbei und Weinsauce
seppie: Tintenfische
scaloppa: Schnitzel
sogliola: Seezunge
sopressa: dicke Bauernsalami
spezzatino: Gulasch
stoccafino: Stockfisch
stracchino: cremiger, weicher Käse
tartufo: Trüffel
tonnato: in Thunfischsauce
tramezzino: weiches Sandwich
trota: Forelle

V

verdura: grünes Gemüse
vitello: Kalbfleisch
vongole: Venusmuscheln

Tunesisch

A/B/C

agneau: Lamm
ail: Knoblauch
amandes: Mandeln
artichauts: Artischocken
betteraves: Rote Beete
bisque: Krebssuppe
blanc de poulet: Hühnerbrust
boeuf: Rindfleisch
bœuf à la mode: Schmorbraten
brik: Teigtasche
brochette: Fleischspieß
brouillade: Rühreier
cacahouettes: Erdnüsse
calmar: Kalmar
canard: Ente
chou: Kohl
choufleur: Blumenkohl
clovisses: Venusmuscheln
coing: Quitte
concombre: Gurke
coq: Hahn
couscous: tunesisches Nationalgericht aus Grieß, Fleisch und Gemüse
crevettes: Garnelen

D/E/F

dattes: Datteln
dinde: Pute
dorade: Goldbrasse
crevisse: Krebs
épinard: Spinat
escalope: Schnitzel
escargot: Schnecke
espardon: Schwertfisch
aisan: Fasan
farci: gefüllt
fenouil: Fenchel
fletan: Heilbutt
foie: Leber
friture: gebratene Fische
fromage: Käse
fruits: Früchte

G/H

gâteau: Kuchen
gazeuse: Mit Kohlensäure
gibier: Wild
gigot d'agneau: Lammragout
grillade: Rostbraten
haché: gehackt
hachis: Hackbraten
haricots: Bohnen
harissa: Chilisauce
herbes: Kräuter
homard: Hummer
hors d'oeuvre: Vorspeisen

L/M/N

lait: Milch
langoustines: kleine Langusten
légume: Gemüse
loup de mer: Wolfsbarsch
maquereaux: Makrelen
menthe: Minze
merguez: Würstchen
mérou: Zackenbarsch
miel: Honig
moules: Miesmuscheln
mouton: Hammel
mulet: Meeräsche
nouilles: Nudeln

P/Q/R

pageot: Rotbrasse
pain: Brot
pâte: Teigwaren
pastèque: Wassermelone
paupiettes de veau: Kalbsroulade
pignols: Pinienkerne
pistaches: Pistazienkerne
poisson: Fisch
potage: Suppe
poulet: Hühnchen
poulet rôti: Brathühnchen
poulpe: Krake
quenelles: Fleischklößchen
raisin: Weintraube
riz: Reis
rognons: Nieren
rôti: Braten

S/T/V

sanglier: Wildschwein
seiche: Tintenfisch
semoule: Gries
sole: Seezunge
terrine: Fleischpastete
thon: Thunfisch
veau: Kalb
viande: Fleisch
volaille: Geflügel

Marokkanisch

A/B

agneau: Lamm
bisque: Krebssuppe
blanc de poulet: Hühnerbrust
brik: Teigtasche
briouates (süß)*:* in Öl frittierte und in Honig getränkte Blätterteigtaschen mit Mandelfüllung
briouates (salzig): frittierte Blätterteigtaschen, gefüllt mit Hackfleisch, Hirn oder Reis u. a.
brochettes: Fleischstückchen am Spieß
brochettes de kefta: gegrillte Hackfleischspießchen

C

coquelet: Hähnchen
coquillages: Muscheln
crustacés: Krustentiere
cumin: Kreuzkümmel

D/E/F

dattes: Datteln
daurade: Meerbrasse
dinde: Pute
écrevisses: Krebse
entrecôte: Lendenstück
escalope: Schnitzel
espadon: Schwertfisch
foie m'chermel: frittierte Kalbsleber, gewürzt mit Paprika, Kreuzkümmel, Koriander

G/H

gigot: Hammelkeule
grillade: Rostbraten
griouch: in Öl frittiertes und in Honig getränktes Sesamgebäck
haricots: Bohnen
harissa: Chilisauce

K

kaab el-ghazal: Mandelgebäck in Form von Gazellenhörnern, oft in Puderzucker gewälzt
kabab: Grillspieß aus Rinderfilet oder Lammfleisch
k'dra: gelbe Soße auf der Basis von Zwiebeln, Butter, Pfeffer und Safran
kefta aux œufs: Hackfleischbällchen in Buttersoße, gewürzt mit Kreuzkümmel, Paprika, Koriander, garniert mit Spiegeleiern.
kefta m'chermla: Hackfleischbällchen in Zwiebelsoße
lapin: Kaninchen
lotte de mer: Seeteufel

M

maquereaux: Makrelen
m'chermel: rote Soße, ein Gemisch aus drei verschiedenen Soßen
m'hammar: rote Soße auf der Basis von Butter, süßem Paprika und Kreuzkümmel
moules: Miesmuscheln
mouton: Hammel, Schaf
m'qualli: gelbe Soße auf der Basis von Öl, Ingwer und Safran

O/P/R

pain: Brot
– *marocain:* Weizen- oder Gerstenbrot
– *noir:* Schwarzbrot
poivrons verts: grüne Pfefferschoten
pommes: Äpfel
– *de terre:* Kartoffeln
porc: Schwein
potage: Suppe
poulet: Hühnchen
poulpe: Krake
raisins: Trauben
riz: Reis
rôti: Braten, gebraten
rouget: Meerbarbe

S/T/V

seiche: Tintenfisch
tajine de viande aux coings et au miel: Quittentajine mit Honig, Zimt, Safran, Pfeffer
– *de viande à la courge (m'qualli):* Kürbistajine
– *de viande tfaïa:* Festtagstajine vom Lamm oder Kalb
veau: Kalb
volaille: Geflügel

Englisch

A/B

asparagus: Spargel
baked: gebacken
beans: Bohnen
beef: Rindfleisch
bitter: dunkles Bier
boiled: gekocht, gesotten
bone: Knochen oder Gräte
brownie: Schokoladenkuchen
Brussels sprouts: Rosenkohl
bun: süßes Brötchen

C/D/E

cabbage: Kohl
calves liver: Kalbsleber
cauliflower: Blumenkohl
champagne: Sekt
chicken: Huhn, Hühnerfleisch
chop: Kotelett
cod: Kabeljau
cooked: gebraten, gebacken
cottage cheese: Hüttenkäse
cutlet: Kotelett
draught beer: Bier vom Fass
duck: Ente
dumplings: Klöße
egg: Ei
– *boiled egg:* gekochtes Ei
– *fried egg:* Spiegelei
– *scrambled egg:* Rührei
escalope: Schnitzel

F/G/H

fish'n' chips: Fisch mit Pommes
french beans: grüne Bohnen
fried: in der Pfanne gebraten
game: Wild
gravy: Bratensoße
grilled: gegrillt
haddock: Schellfisch
ham: gekochter Schinken

K

kidney: Niere

L/M/O

lager: helles Bier
lamb: Lamm, Schaffleisch
leek: Lauch, Porree
lentils: Linsen
lettuce: (Kopf-)Salat
liver: Leber
lobster: Hummer
loin: Lendenstück
mackerel: Makrele
mashed potato: Kartoffelbrei
meat: Fleisch
minced meat: Hackfleisch
mushroom: Pilz
mussel: Muschel
mustard: Senf
oysters: Austern

P/R/S

parsley: Petersilie
peppers: Paprika (Gemüse)
pie: Pastete
poached: pochiert
pork: Schweinefleisch
porridge: Haferbrei
poultry: Geflügel
prawn: Garnele
pumpkin: Kürbis
raspberries: Himbeeren
raw: roh
rib: Rippe
roast: Braten
roll: Brötchen
salmon: Lachs
scallop: Kammmuschel
scones: (weiches) Teegebäck
seafood: Meeresfrüchte
shrimps: Krabben
sirloin: Lendenstück vom Rind
smoked: geräuchert
sole: Seezunge
sparkling: sprudelnd
spicy: gewürzt, pikant
steamed: gedämpft
stewed: geschmort
stout beer: dunkles Starkbier
stuffed: gefüllt

T/V/W

trifle: süßer Auflauf mit Früchten
trout: Forelle
tuna: Thunfisch
turkey: Truthahn
veal: Kalbfleisch
vegetable: Gemüse
venison: Wild, Reh
well-done: durchgebraten
whipped cream: Schlagsahne

Nützliche Informationen und Serviceadressen

Auf einen Blick

Ländername: Frankreich
Hauptstadt: Paris
Landessprache: Französisch
Einwohnerzahl: 62 Millionen
Größe: 672 352 qkm

Ländername: Italien
Hauptstadt: Rom
Landessprache: Italienisch
Einwohnerzahl: 58 Millionen
Größe: 301 260 qkm

Ländername: Marokko
Hauptstadt: Rabat
Landessprache: Arabisch
Einwohnerzahl: 29 Millionen
Größe: 710 850 qkm

Ländername: Monaco
Hauptstadt: Monaco
Landessprache: Französisch
Einwohnerzahl: 32 000
Größe: 1,97 qkm

Ländername: Spanien
Hauptstadt: Madrid
Landessprache: Spanisch, Katalanisch, Galizisch, Baskisch
Einwohnerzahl: 40,3 Millionen
Größe: 504 750 qkm

Ländername: Tunesien
Hauptstadt: Tunis
Landessprache: Arabisch
Einwohnerzahl: 10 Millionen
Größe: 162 155 qkm

Anreise

Mit dem Zug
Die Mittelmeerhäfen Genua und Savona sind von Deutschland, Österreich und der Schweiz aus mit der Bahn zu erreichen (www.bahn.de, www.oebb.at, www.sbb.ch). Meist stellen die Reedereien Shuttle-Busse vom Hafen zum Bahnhof bereit.

Mit dem Pkw
Für Passagiere, die mit dem eigenen Wagen anreisen, gibt es an den Häfen Parkhäuser. Der Platz im Parkhaus wird bereits bei der Buchung reserviert. In Italien halten Autofahrer nach Schildern mit der Aufschrift »Porto« (Hafen) oder »Terminal Crociere« (Kreuzfahrtterminal) Ausschau.

Mit dem Bus
Zu vielen Kreuzfahrthäfen gibt es aus Deutschland, Österreich und der Schweiz einen Bustransfer. Diese Art der Anreise ist jedoch meist relativ strapaziös.

Mit dem Flugzeug
Am bequemsten ist die Anreise mit dem Flugzeug. Einige Einschiffungsorte (beispielsweise Barcelona, Venedig und Mallorca) werden auch von Billigfliegern angeflogen. Häufig lässt sich zur Kreuzfahrt ein Flug zu Sonderkonditionen buchen.

Auskunft

Frankreich
Maison de la France
Westendstr. 47, 60325 Frankfurt/Main; Tel. 0 90 01 57 00 25, (Servicenummer 0,49 €/Min.); www.franceguide.com

Italien
ENIT
Friedrichstr. 187, 10117 Berlin;
Tel. 0 30/2 47 83 98
Kaiserstr. 65, 60329 Frankfurt/Main;
Tel 069/23 74 34
Lenbachplatz 2, 80333 München;
Tel 0 89/53 13 17; www.enit-italia.de

Marokko
Marokkanisches Fremdenverkehrsamt
Graf-Adolf-Str. 59, 40210 Düsseldorf;
Tel. 02 11/37 05 51;
www.tourismus-in-marokko.de

Monaco
Office du Tourisme
2A, bd. des Moulins, Monte Carlo,
98030 Principauté de Monaco Cedex;
Tel. 0 03 77/92 16 61 16;
www.monaco-tourisme.com,
www.visitmonaco.com

Spanien
Spanisches Fremdenverkehrsamt
Kurfürstendamm 180, 10707 Berlin;
Tel. 0 30/8 82 65 43
Grafenberger Allee 100, 40237 Düsseldorf; Tel. 02 11/6 80 39 80
Myliusstr. 14, 60323 Frankfurt/Main;
Tel 0 69/72 50 33
Schubertstr. 10, 80336 München;
Tel. 0 89/53 07 46; www.spain.info/de

Tunesien
Fremdenverkehrsamt Tunesien
Kurfürstendamm 171, 10707 Berlin;
Tel. 0 30/8 85 04 57

Bordwährung

Außer bei NCL (Dollar) ist die Bordwährung auf den Kreuzfahrtschiffen im Mittelmeer der Euro.

Buchtipps

Axel Munthe: Das Buch von San Michele, dtv 1978. Die Memoiren des auf Capri wohnhaften schwedischen Leibarztes von Königin Victoria waren einer der ersten Bestseller der Weltliteratur. Wunderbare Schilderungen von Capri und Neapel.

George Orwell: Mein Katalonien. Bericht über den spanischen Bürgerkrieg (aus dem Englischen von Wolfgang Rieger), Diogenes TB 1975.

Matthias Politycki: In 180 Tagen um die Welt. Das Logbuch des Herrn Johann Gottlieb Fichtl, MARE Buchverlag 2008. Äußerst kurzweilige Beschreibung einer Kreuzfahrt um die Welt mit der »Europa«. Von den Mittelmeerhäfen tauchen u. a. Cagliari auf Sardinien und Cádiz in Spanien auf. Das Logbuch ist auch unter dem Titel »Das Schiff« als Originalton-Hörstück (Doppel-CD) erhältlich.

Maria Rinaldi: Der Duft des Mittelmeers. Die schönsten Sommergeschichten, Piper TB Juni 2009. Erzählungen von Gabriel García Márquez, Alberto Moravia, Italo Calvino und Judith Hermann, die an den Stränden des Mittelmeers spielen.

Roberto Saviano: Gomorrha. Reise in das Reich der Camorra (aus dem Italienischen von Friederike Hausmann), dtv Februar 2009. Die Camorra, laut Saviano gefährlicher als die Mafia, im Selbstversuch, was dem Autor eine Todesdrohung (und internationalen Ruhm) einbrachte. Im Containerhafen von Neapel nehmen seine Recherchen ihren Anfang.

Paul Theroux: An den Gestaden des Mittelmeeres (aus dem Amerikanischen von Erica Ruetz und Cornelia Groethuysen), Hoffmann und Campe 1996. Mit der Bahn und Fähren reiste der prominenteste amerikanische Reiseautor einmal ums Mittelmeer, allerdings – auf Einladung der Reederei – auch einmal auf dem Luxusschiff Seabourne Spirit (40 Passagiere) von Nizza nach Istanbul. Ungemein kurzweilig.

Mark Twain: Reisen ums Mittelmeer, insel 1996. Vergnüglich zu lesende Schilderung seiner Reisen im Jahr 1867, die den Amerikaner u. a. nach Neapel, Rom, Istanbul, Athen und Kairo führten.

Marguerite Yourcenar: Ich zähmte die Wölfin. Die Erinnerungen des Kaisers Hadrian (aus dem Französischen von Fritz Jaffe), dtv 1998. Die Autorin war das erste weibliche Mitglied der Académie française. Abtauchen in die römische Geschichte: Die fiktive Autobiografie des Kaisers Hadrian (76–138) ist einer der bedeutendsten historischen Romane der Weltliteratur.

Buchungsadressen

Deutschland
AIDA Cruises
Am Strande 3d, 18055 Rostock;
Tel. 0 18 03/18 22 22 00; www.aida.de

Costa Kreuzfahrten
Niederlassung der Costa Crociere S. p. A., Frankfurter Str. 233/Haus C, 63263 Neu Isenburg; Tel. 0 18 05 26 78 25; www.costakreuzfahrten.de

Deilmann Reederei
Am Holm 25, 23730 Neustadt/Holstein; Tel. 0 45 61/39 60; www.deilmann-kreuzfahrten.de

DERTOUR GmbH
Emil-von-Behring-Str. 6, 60439 Frankfurt a. M.; Tel. 069/95 88 00; www.dertour.de

Hansa Kreuzfahrten GmbH
Contrescarpe 36, 28203 Bremen; Tel. 04 21/33 46 60; www.hansakreuzfahrten.de

Hapag-Lloyd Kreuzfahrten GmbH
Ballindamm 25, 20095 Hamburg; Tel. 0 40/30 01 46 00; www.hlkf.de (Buchung nur über das Reisebüro)

MSC-Kreuzfahrten
Neumarkter Str. 63, 81673 München; Tel. 0 89/8 56 35 50; www.msc-kreuzfahrten.de

Norwegian Cruise Line (NCL)
Niederlassung Wiesbaden, Zentrale für Kontinentaleuropa, Kreuzberger Ring 68, 65205 Wiesbaden; Tel. 0 18 05 62 55 26; www.ncl.com

Phoenix Reisen
Pfälzer Str. 14, 53111 Bonn; Tel. 02 28/92 60 0; www.phoenixreisen.com

Royal Caribbean
1050 Caribbean Way, Miami FL 33132-2096, USA; Tel.0 18 05/05 03 47 (0,14 €/Mln./Festnetz); www.royalcaribbean.de

Seabourn Cruise Line
6100 Blue Lagoon Drive, Suite 400, Miami, Florida 33126; Tel. 00 800 18 08 41 80; www.seabourn.com (wunderbare, leider nur englischsprachige Homepage, mit überaus instruktiver Beschreibung der einzelnen Reiseziele).

Sea Cloud Cruises
Ballindamm 17, 20095 Hamburg; Tel. 0 40/3 09 59 250; www.seacloud.de

Wechselkurse Marokko Stand: Januar 2009

Dirham	Euro	Franken
1	0,09	0,13
5	0,45	0,69
10	0,90	1,39
30	2,72	4,17
50	4,53	6,95
100	9,07	13,90
250	22,67	34,75
500	45,35	69,51
750	68,03	104,27
1000	90,70	139,03

Wechselkurse Tunesien Stand: Januar 2009

TND	Euro	Franken
1	0,56	0,87
5	2,84	4,36
10	5,69	8,73
30	17,08	26,19
50	28,47	43,15
100	56,95	87,30
250	142,39	218,25
500	284,79	436,50
750	427,19	654,75
1000	569,58	873,00

Studiosus Reisen München GmbH
Riesstr. 25, 80992 München;
Tel. 0 89/5 00; www.studiosus.de

TUI Cruises
Anckelmannsplatz 1, 20537 Hamburg;
Tel. 0 40/2 86 67 70; www.tuicruises.com

Österreich
Seetour Austria (Verkehrsbüro-Ruefa Reisen GmbH)
Dresdner Str. 81-85, A-1200 Wien;
Tel. 00 43/1/58 80 0-0;
www.seetour-austria.at

Schweiz
Thurgau Travel
Rathausstr. 5, CH-8036 Weinfelden;
Tel. 00 41/71/6 26 55 00;
www.thurgautravel.ch

Buchungshinweis

Die meisten Reedereien gewähren Frühbucherrabatte! Häufig lassen sich auch Transfers sowie Hotelübernachtungen am Start- und Zielort zusammen mit der Kreuzfahrt buchen.

Geldwechsel

An den nördlichen Gestaden des westlichen Mittelmeers befinden Sie sich abgesehen von Gibraltar (Pfund) in der Eurozone. In Tunesien wird mit Dinar gezahlt, in Marokko mit Dirham. In Marokko ist die Ein- und Ausfuhr von Dirham verboten.

Gesundheitsvorschriften

Impfungen sind keine vorgeschrieben. Für die medizinische Versorgung ist an Bord gesorgt.

Internet

Sämtliche Kreuzfahrthäfen am Mittelmeer werden auf der Homepage www.medcruise.com vorgestellt, leider nur auf Englisch. Die Seite ist mit einer Geräuschkulisse unterlegt: Möwenkreischen und Brandungsrauschen. Die Anlaufhäfen im Einzelnen finden sich im Internet ebenfalls sehr gut präsentiert:

Barcelona:
www.barcelona.de

Civitavecchia/Rom:
www.cityofrome.net

Genua:
www.regione.liguria.it

Gibraltar:
www.gibraltar.gi

Korsika:
www.visit-corsica.com

Malaga:
www.malagaguide-dbs.com

Mallorca:
www.mallorca.de

Malta:
www.heritagemalta.org

Marokko:
www.marokko.com

Marseille:
www.marseille-tourisme.com

Monaco:
www.visitmonaco.com

Neapel:
www.portanapoli.com

Nizza:
www.nicetourisme.biz

Triest:
www.trieste.ports-guides.com

Tunesien:
www.tunesien.com

Valencia:
www.valencia-cityguide.com

Valletta:
www.cityofvalletta.org

Venedig: www.turismovenezia.it

Kreuzfahrt-ABC

Achtern – Hinterer Teil des Schiffes (auch Heck genannt).
Auslaufen – Verlassen des Hafens.
Ausschiffen – Verlassen des Schiffes am Ende der Reise.
Außenkabinen – Diese Kabinen haben ein Fenster oder eigenen Balkon.

Backbord – Linke Seite des Schiffes in Fahrtrichtung gesehen.
Brücke – Kommandozentrale und Arbeitsplatz des Kapitäns.
Bug – Vorderer Teil des Schiffes.
Bullauge – Rundes Fenster.
Bunker – Treibstofflager des Schiffes.

Cabin Steward – Zimmerkellner, Kabinenbedienung.
Chefingenieur – Ranghöchster Techniker an Bord eines Schiffes.
Cruise Director (Kreuzfahrtdirektor) – Er organisiert das gesamte Ausflugs- und Unterhaltungsprogramm.

Deck – Etage/Stockwerk eines Schiffs.
Dock – Anlegestelle des Schiffes (auch Pier oder Kai genannt).

Early Bird – Frühstück für Frühaufsteher.
Einschiffen – An Bord gehen zu Beginn einer Reise.

Faden – Längenmaß der Nautik, 1 Faden entspricht 1,82 m.
Farben – Nationalflagge des Schiffs.
Flaggenstock – Fahnenmast im Heck.
Flaggschiff – Das größte Schiff und meist auch das wichtigste und neueste Schiff einer Reederei.
Fleet – Flotte, Schiffsbestand.
Fly-Cruise – Kombination von Kreuzfahrt und Flügen ab/bis Wohnort.
Freestyle Cruising – Sogenannte »Neuordnung« in den Bordrestaurants, d.h. keine Kleidervorschriften oder feste Essenszeiten.
Freihafen – Hafen ohne Zölle.

Gangspill – Vorrichtung zum Heben des Ankers.
Gangway – Treppe, Steg als Zugang zum Schiff.
Garantie – Ein besonders attraktives Angebot: Anstelle einer Kabinennummer bekommt man die Garantie für eine Kabinenkategorie, meist erhält man die höhere Kategorie ohne Zuzahlung.
Gieren – Vom Kurs abkommen.

Hochfrequenzradio – Funkanlage für Kontakt zu Schiffen oder Lotsen.
Heck – Hinterer Teil des Schiffes (auch Achtern genannt).

Jungfernfahrt – Die erste Reise eines Schiffes mit Passagieren.

Kabellänge – Längenmaß (=100 Faden, 182,8 m).
Kapitän – Oberster Chef des Schiffes, trägt die Gesamtverantwortung für Mannschaft und Passagiere.
Kategorie – Ähnlich dem Sternesystem bei Hotels wird das Schiff in ein bestimmtes Niveau eingestuft.
Kiel – Von vorne bis hinten durchgehender Bauteil eines Schiffes.
Kielwasser – Wasserspur eines fahrenden Schiffes.
Knoten – Einheit zur Geschwindigkeitsmessung eines Schiffs. Ein Knoten entspricht einer Seemeile.
Koje – Schlafstelle im Schiff.
Kombüse – Schiffsküche (auch Galley genannt).
Kurs – Fahrtrichtung in Grad.
Kursschreiber – Gerät für die Aufzeichnung aller Kursänderungen.

Lee – Dem Wind abgewandete Seite.
Löschen – Entladen eines Schiffs.
Lotse – Führer durch schwierige Gewässer.
Luv – Dem Wind zugewandte Seite.

Main Sitting – Erster Durchgang im Speisesaal.
Manifest – Verzeichnis über Passagiere, Mannschaft und Ladung.
Messe – Salon, Essraum auf grösseren Schiffen.

Mittschiffs – Damit wird die Zentrale Zone zwischen Bug und Heck bezeichnet.
MS – Abkürzung für Motorschiff.

Niedergang – Treppe im Innenbereich.

Peilruderanzeige – Anzeige für die Ruderstellung in Grad.
Peilung – Richtung eines Ziels/Objekts in Grad.
Plimmsoll-Markierung – Marke an der Bordwand für Maximalladung.
Port Taxes – Hafentaxen. Gebühren, die die Reedereien für die Hafenbenützung entrichten müssen.
Purser – Verantwortlicher auf dem Schiff für Finanzen, Infrastruktur, Crew und Behörden.

Querab – Seitlich des Schiffes.

Radiopeilgerät – Gerät für die Bestimmung der eigenen Position.
Reede – Kann ein (Kreuzfahrt-)Schiff den Zielhafen nicht direkt anfahren, liegt es ein Stück vor der Küste auf Reede.
Reling – oberster Teil der Bordwand eines Schiffes.
Repeater – Kunden, die mehr als einmal bei der gleichen Reederei gebucht haben.
Rückströmung – Wasserbewegung durch Schrauben bei Rückwärtsfahrt.
Ruder – Steuerung des Schiffes.
Rumpf – Schiffskörper ohne Aufbauten.

Schlingern – Seitliches Schaukeln.
Schott – Wasserdichte Trennwand zwischen den Rumpfkammern.
Schraube – Propeller für den Antrieb.
Second Sitting – Zweiter Durchgang im Speisesaal.
Seekarten – Karten für die Navigation.
Seegang – Durch Wind verursachte Bewegung des Wassers.
Seemeile – Nautisches Längenmaß, eine Seemeile entspricht 1,852 m.
Sextant – Gerät zur Standortbestimmung.
Single Use – Kabinen zur Alleinbenützung. Wegen fehlenden Einzelkabinen oft Zuschläge bis 100 %.
Stabilisator – Einrichtung, die das Schwanken des Schiffes verhindert.
Staff-Kapitän – Stellvertretender Kapitän.
Stampfen – Schaukeln des Schiffes in Längsrichtung.
Stapellauf – Das Zuwasserlassen eines Schiffs nach der Schiffstaufe.
Steuerbord – Rechte Schiffsseite.

Tendern – Übersetzen an Land, wenn das Schiff auf Reede liegt.
Tiefenmesser – Einrichtung für die Ermittlung der Wassertiefe.
Tiefgang – Maß von der Wasseroberfläche zum tiefsten Punkt.
Tips – Trinkgelder an Bord. Bei vielen Kreuzfahrten im Preis enthalten.
Topp – Mastspitze.

Untiefe – Flache Wasserstelle.

Verholen – das Bewegen eines Wasserfahrzeugs über einen kurzen Weg ohne eigenen Antrieb.
Vorsteven – Vorderster Schiffsteil.

Wache – Dienstzeit.
Wasserlinie – Höhe der Wasserfläche am Schiffsrumpf.

Kriminalität

Mit einigen Vorsichtsmaßnahmen kann man sämtliche Reiseziele auf der Kreuzfahrt ohne anschließenden Ärger besuchen. Generell gilt: Gedränge meiden. Taschendiebe gibt es überall, nicht nur in den Ländern des westlichen Mittelmeers. Verzichten Sie daher auf Handtaschen und tragen Sie Ihr Portemonnaie nicht in der Gesäßtasche. Besondere Vorsicht ist bei der Benutzung von Geldautomaten geboten. Kreditkarten sind eine begehrte Diebesbeute. Keinesfalls sollte man Geld auf der Straße wechseln. Die Geldwechsler bieten zwar einen scheinbar attraktiven Preis, geben aber oft falsch raus.

Medizinische Versorgung

Größere Schiffe verfügen über ein eigenes Krankenhaus, über Krankenschwestern, einen Arzt und eine Apotheke, sodass Sie im Notfall auch auf hoher See gut versorgt sind.

Sozialversicherungsabkommen, die eine kostenfreie Behandlung von EU-Bürgern bei Vertragsärzten der jeweiligen Krankenkassen vorsehen, gibt es zwar mit Frankreich, Italien, Spanien und Malta, doch auch dort bezahlt man den Arzt an Land besser in bar und lässt sich die Kosten durch eine vorher abgeschlossene Auslandskrankenversicherung ersetzen.

Reisezeit

Im westlichen Mittelmeer ist das ganze Jahr über Saison. Die beste Reisezeit sind jedoch die frühen Sommermonate Mai und Juni oder die Herbstmonate September und Oktober, wenn die Temperaturen angenehm sind. Im Hochsommer kann es an Land sehr heiß werden, zwischen November und April ist immer mit Regentagen zu rechnen.

Schlüsselkarten

Die Bordkarte ist meist auch Schlüssel- und Bordkreditkarte. Sie müssen sie beim Ein- und Ausschiffen zur Legitimation vorzeigen. Beim Einschiffen ist außerdem ein Personalausweis oder Pass erforderlich.

Tagesprogramme

Das Programm für den nächsten Tag wird am Vorabend auf die Kabinen verteilt. Hier stehen – ganz wichtig! – die Liegezeiten in den Häfen.

Telefon

Das Telefonieren von der Kabine aus ist meist sehr teuer. Solange sich das Schiff in Küstengewässern befindet, können Sie jedoch überall mit einem international freigeschalteten Handy telefonieren. Auf einigen Schiffen ist mobiles Telefonieren auch auf hoher See möglich.

Ländervorwahlen

Frankreich 00 33
Italien 00 39
Marokko 0 02 12
Monaco 0 03 77
Spanien 00 34
Tunesien 0 02 16

Trinkgelder

Die meisten Reedereien rechnen pauschal über die Bordkreditkarte pro Tag einen bestimmten Betrag als Trinkgeld ab.

Trinkwasser

Das Wasser an Bord hat Trinkwasserqualität. Die Kabinenstewardessen versorgen Sie mit Eis für die Minibar. Preiswerter ist es, sich beim Landgang mit Getränken einzudecken.

Wäsche

Wie jedes große Hotel verfügen die Schiffe über einen Wäscheservice. Aus der Bordwäscherei kommen die Hemden weißer zurück als je zuvor.

Zeitverschiebung

Im gesamten westlichen Mittelmeerraum gilt die mitteleuropäische Zeit, in Portugal die westeuropäische Zeit (WEZ). Dort ist es eine Stunde früher.

Zoll

Gibraltar: Zollfrei sind 1 l Spirituosen, 2 l Dessertwein (beispielsweise Sherry) und 2 l andere Weine sowie eine Stange Zigaretten.

Marokko: Zollfrei dürfen nur eine Flasche Wein, ein Viertelliter Spirituosen, 250 g Kaffee, geringfügige Mengen Parfüm und 200 Zigaretten ausgeführt werden. Streng verboten ist die Ein- und Ausfuhr der Landeswährung Dirham, von pornographischen Erzeugnissen und Funkgeräten.

Tunesien: Zollfrei sind 200 Zigaretten, 2 l Alkohol bis 25 % oder 1 l hochprozentiger Alkohol.

Weitere Auskünfte erhalten Sie unter www.zoll.de, www.bmf.gv.at/zoll und www.zoll.ch.

Kartenatlas

Orientierung leicht gemacht: mit Planquadraten und allen Orten und Sehenswürdigkeiten.

Legende

Sehenswürdigkeiten

- MERIAN-TopTen
- MERIAN-Tipp
- Sehenswürdigkeit, öffentl. Gebäude
- Schloss, Burg
- Kirche
- Kirchenruine
- Moschee
- Synagoge
- Museum
- Denkmal

Verkehr

- Autobahn
- Autobahnähnliche Straße
- Fernverkehrsstraße
- Hauptstraße
- Nebenstraße
- Sonstige Straßen
- Fußgängerzone
- Parkmöglichkeit
- Busbahnhof
- Schiffsanleger
- Flughafen

Sonstiges

- Information
- Theater
- Markt
- Botschaft, Konsulat
- Zoo
- Friedhof

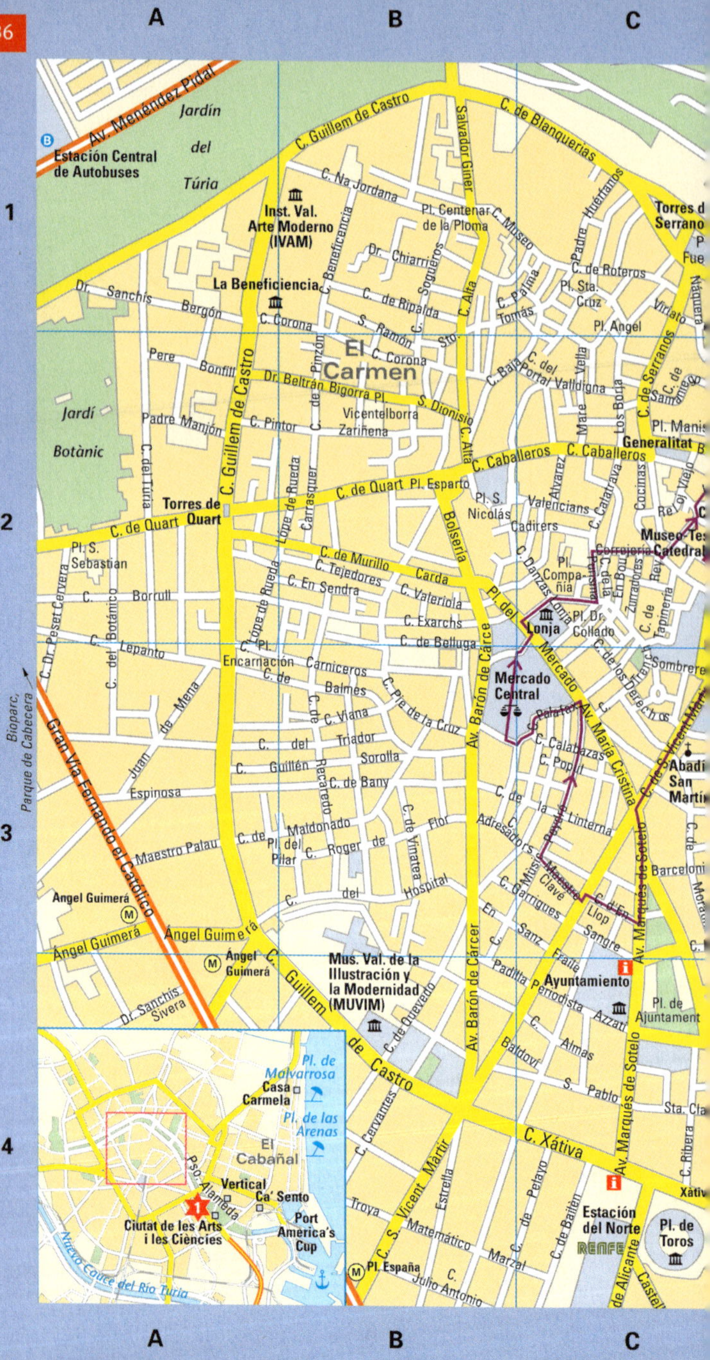

A
B
C
1
2
3
4
Av. Menéndez Pidal
Estación Central de Autobuses
Jardín del Túria
C. Guillem de Castro
C. de Blanquerias
Salvador Giner
C. Na Jordana
Inst. Val. Arte Moderno (IVAM)
Pl. Centenar de la Ploma
C. Museo
C. Padre Huérfanos
Torres de Serrano
C. de Roteros
Pl. Sta. Cruz
Viriato
Náquera
Dr. Chiarri
Sogueros
C. Beneficencia
La Beneficiencia
C. de Ripalda
C. Alta
C. Palma
Tomás
Dr. Sanchis Bergón
C. Corona
S. Ramón
Pl. Angel
El Carmen
C. Corona
C. Baja
C. del Portal Valldigna
Vellia
C. de Serranos
C. de Samaniego
Pere Bonfill
Dr. Beltrán Bigorra
Pl. Vicentelborra
S. Dionisio
C. de Pinzón
Jardí Botànic
Padre Manjón
C. Pintor Zariñena
Mare
Los Borja
Pl. Manises
Generalitat
C. del Túria
C. Caballeros
C. Caballeros
Torres de Quart
C. de Quart
C. de Quart
Pl. Esparto
Lope de Rueda
Carrasquer
Pl. S. Nicolás
Alvarez
Valencians
Cadirers
C. Calatrava
Cocinas
Rey
C. Viejo
Museo-Tes. Catedral
Pl. S. Sebastian
C. Borrull
C. de Murillo
C. Tejedores
C. En Sendra
Carda
C. Valeriola
Bolsería
Pl. del Mercado
Pl. Compañía
Correjería
C. Danzas
C. de la Bolsería
En Bou
Zurradores
Tapinería
C. del Botánico
C. Dr. Peset Cervera
Lope de Rueda
C. Exarchs
C. de Belluga
Lonja
Pl. Dr. Collado
C. de los Derechos
C. de Trench
Sombrerería
C. Lepanto
C. Pl. Encarnación
C. de Balmes
Carniceros
C. Pie de la Cruz
C. Viana
Mercado Central
Palafox
Av. María Cristina
C. de S. Vicent Mártir
Abadía San Martín
Bioparc, Parque de Cabecera
Juan de Mena
C. del Triador
C. Guillén Sorolla
C. de Bany
Recaredo
Gran Via Fernando el Católico
Espinosa
Av. Barón de Cárcer
C. Calabazas
C. Pop
C. de la Linterna
Adresadors
Maldonado
Flor
C. de Maestro Palau
Pl. del Pilar
C. Roger de Flor
C. de Vinatea
C. Músic Maestro Clavé
Av. Marqués de Sotelo
C. de Barcelona
C. del Hospital
C. Garrigues
Llop
C. d'En Sangre
Angel Guimerá
Ángel Guimerá
Ángel Guimerá
En Sanz
Fraile
Padilla
Ayuntamiento
Periodista Azzati
Mus. Val. de la Illustración y la Modernidad (MUVIM)
C. Guillem de Castro
Dr. Sanchis Sivera
C. de Quevedo
Pl. de Ajuntament
Baldoví
Almas
S. Pablo
Sta. Clara
C. Cervantes
C. Xátiva
C. Ribera
Xàtiva
C. S. Vicent Màrtir
Estrella
C. de Pelayo
C. de Bailén
Estación del Norte
RENFE
Av. de Alicante
Pl. de Toros
Castellón
Troya
Matemático Marzal
C. Julio Antonio
Pl. España
Pl. de Malvarrosa
Casa Carmela
Pl. de las Arenas
El Cabañal
Pso. Alameda
Vertical
Ca' Sento
Ciutat de les Arts i les Ciències
Port America's Cup
Nuevo Cauce del Río Turia

D
E
F
Valencia (València)
Pont de Fusta
RENFE
Estación
Puente de
Madera
Poeta
Sta. Amalia
Bodria
Hospital
Cruz Roja
C. Flora
Viveros
Municipales
C. Trinidad
C. de Alboraya
Vuelta del Ruiseñor
Museo de
Bellas Artes
Ferrocarriles
Económicos
Puente Trinidad
Jardines
del Real
C. S. Pío V.
General Elío
Facultad
Farmasia
Facultad
Medicina
Av. de Blasco Ibáñez
Av. de Blasco Ibáñez
Pl. Legión
Española
Jardín de
Monforte
Severo Ochoa
C. Monforte
Llano
del Real
Exposición
Pso. de la Alameda
C. de
Prof. Dr.
Micer Mascó
Libertad
C. del Salvador
Pintor López
En Llopis
Unión
Hervás
Barón de
C. Boix
C. Trinitarios
Almudín
Almudín
asílica de los
esamparados
Almirante
Los Maestres
Pl. Poeta
Llorente
Gobierno
Civil
Pintor López
Puente del Real
Músico
José
Iturbi
Viejo
Palau
C. Avellanas
de Caballeros
C. Milagro
Gobernador
C.
Herreros
Convento
S. Domingo
Jardín
del
Túria
Pso. de la Alameda
Pintor
Peiró
Palacio Valdés
Pl. Tetuán
S. Vicente
Capitanía
General
C. del Mar
Trinquete
C. Conde de
Montornés
Jimenez de
Sandoval
Alameda
Don
Armando
Pso. de la Alameda
La Xerea
la Paz
Museo del
Patriarca
Marqués de Dos Aguas
Libreros
de Cerámica
Cruz Nueva
C. de Comedias
C. de la Paz
Bretón de los
General Tovar
General Palanca
Puente de la
Exposición
Justicia
C. de
Bonaire
Nave
Pl.
Alfonso
Palacio
de Justicia
Pl. Porta
de la Mar
Nuevos
Juzgados
Pso. de la Ciudadela
C. Poeta
C. de
Salvá
Universidad
C. de
Sorolla
Palacio
de Justicia
Puente de las Flores
Puerto
Querol
Teatro
Principal
Pintor
Romagosa
Don Juan
de Austria
C. Poeta Quintana
C. Colón
Av. Navarro Reverter
Grabador
Esteve
Colón
C. de Sorni
Puente del Mar
Sagasta
Pérez Bayer
Pascual y Genís
de Lauría
L'Eixample
C. Conde Salvatierra de Álava
Mercado
de Colón
Jorge Juan
Isabel
Col. Ofic.
Médicos
Puente
Aragón
Col.
Francés
C. Cirilo Amorós
la Católica
Pl. Cánovas
del Castillo
Av. Jacinto Benavente
C. Colón
Félix Pizcueta
C. Cirilo Amorós
C. Pizarro
Hernán Cortés
Gran Vía Marqués del Turia
Joaquín
Costa
C. de Ciscar
C. de Salamanca
C. de Burriana
Altea
Conde
Maestro Gozalbo
CAC
1
2
3
4
0
210 m
N
©MERIAN-Kartographie

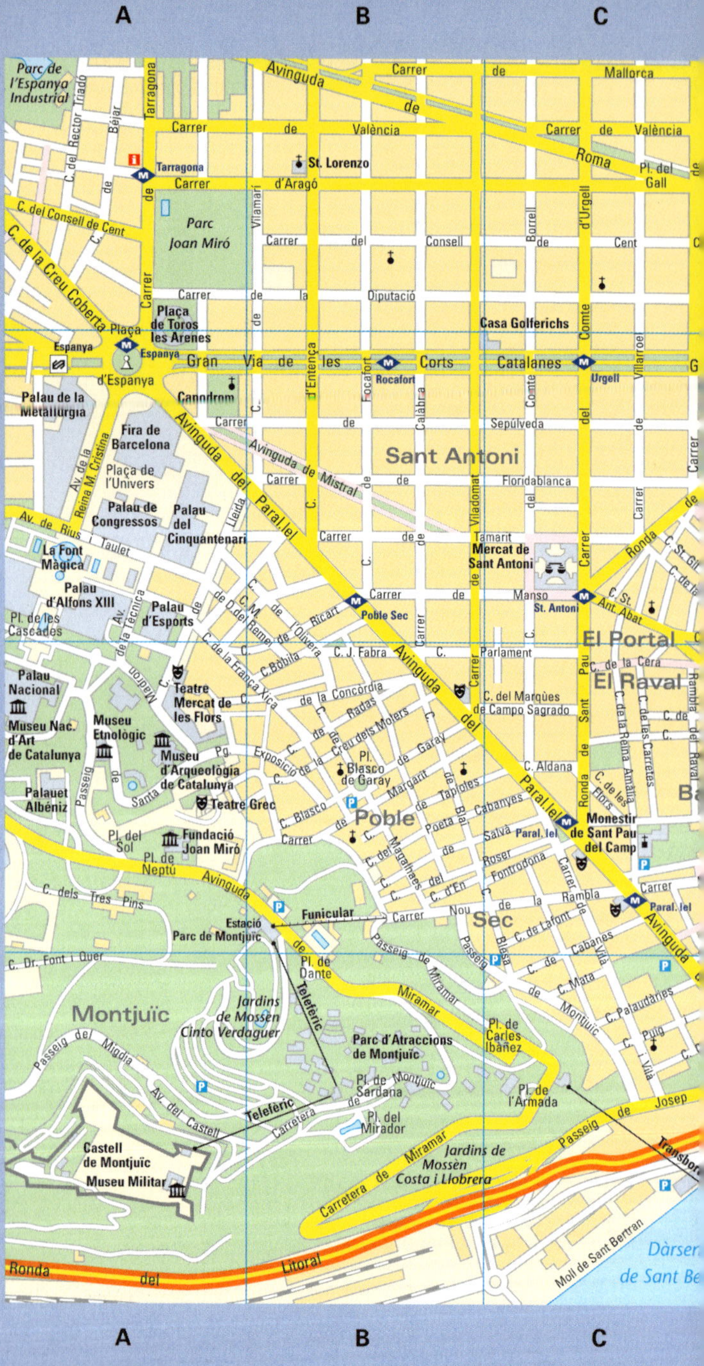
A
B
C
1
2
3
4
Parc de l'Espanya Industrial
Tarragona
Carrer de València
Avinguda de Roma
Carrer de Mallorca
St. Lorenzo
Carrer d'Aragó
Pl. del Gall
C. del Consell de Cent
C. de la Creu Coberta
Parc Joan Miró
Carrer del Consell de Cent
Carrer de la Diputació
Vilamarí
Borrell
Comte d'Urgell
Casa Golferichs
Plaça de Toros les Arenes
Plaça d'Espanya
Espanya
Gran Via de les Corts Catalanes
Rocafort
Urgell
Palau de la Metal·lúrgia
Cañodrom
Fira de Barcelona
Plaça de l'Univers
Av. de la Reina M. Cristina
Palau de Congressos
Palau del Cinquantenari
Avinguda del Paral·lel
Avinguda de Mistral
Carrer de Sepúlveda
Carrer de Floridablanca
Sant Antoni
C. d'Entença
Calàbria
Viladomat
Villarroel
Av. de Rius i Taulet
La Font Màgica
Palau d'Alfons XIII
Palau d'Esports
Pl. de les Cascades
Lleida
Carrer de Tamarit
Mercat de Sant Antoni
Carrer de Manso
St. Antoni
Poble Sec
Ronda de Sant Pau
Ronda de Sant Antoni
C. St. Gil
C. St. Ant. Abat
El Portal
El Raval
Carrer del Parlament
C. J. Fabra
C. de la Cera
Rambla del Raval
C. del Marquès de Campo Sagrado
C. Aldana
C. de la Reina Amàlia
C. de les Carretes
C. de les Flors
Palau Nacional
Museu Nac. d'Art de Catalunya
Museu Etnològic
Museu d'Arqueologia de Catalunya
Teatre Mercat de les Flors
C. de la França Xica
C. de la Concòrdia
Radas
Creu dels Molers
Pg. de l'Exposició
Pl. Blasco de Garay
Margarit
Tapioles
Cabanyes
Palauet Albéniz
Passeig de Santa Madrona
Teatre Grec
C. Blasco de Garay
Poble Sec
Poeta Cabanyes
Salvà
Paral·lel
Monestir de Sant Pau del Camp
Pl. del Sol
Pl. de Neptú
Fundació Joan Miró
Roser
Fontrodona
Magalhaes
C. d'En Blesa
Carrer Nou de la Rambla
C. dels Tres Pins
Avinguda de Miramar
Estació Parc de Montjuïc
Funicular
Sec
C. de Lafont
Passeig de Miramar
C. Dr. Font i Quer
Pl. de Dante
C. Mata
C. Palaudàries
Carrer de Montjuïc
Montjuïc
Jardins de Mossèn Cinto Verdaguer
Telefèric
Parc d'Atraccions de Montjuïc
Pl. de Carles Ibáñez
Passeig del Migdia
Pl. de Montjuïc
Pl. de la Sardana
Pl. de l'Armada
C. Puig
C. i Vilà
Passeig de Josep Carner
Av. del Castell
Pl. del Mirador
Carretera de Miramar
Castell de Montjuïc
Museu Militar
Jardins de Mossèn Costa i Llobrera
Transbordador
Ronda del Litoral
Moll de Sant Bertran
Dàrsena de Sant Be
A
B
C

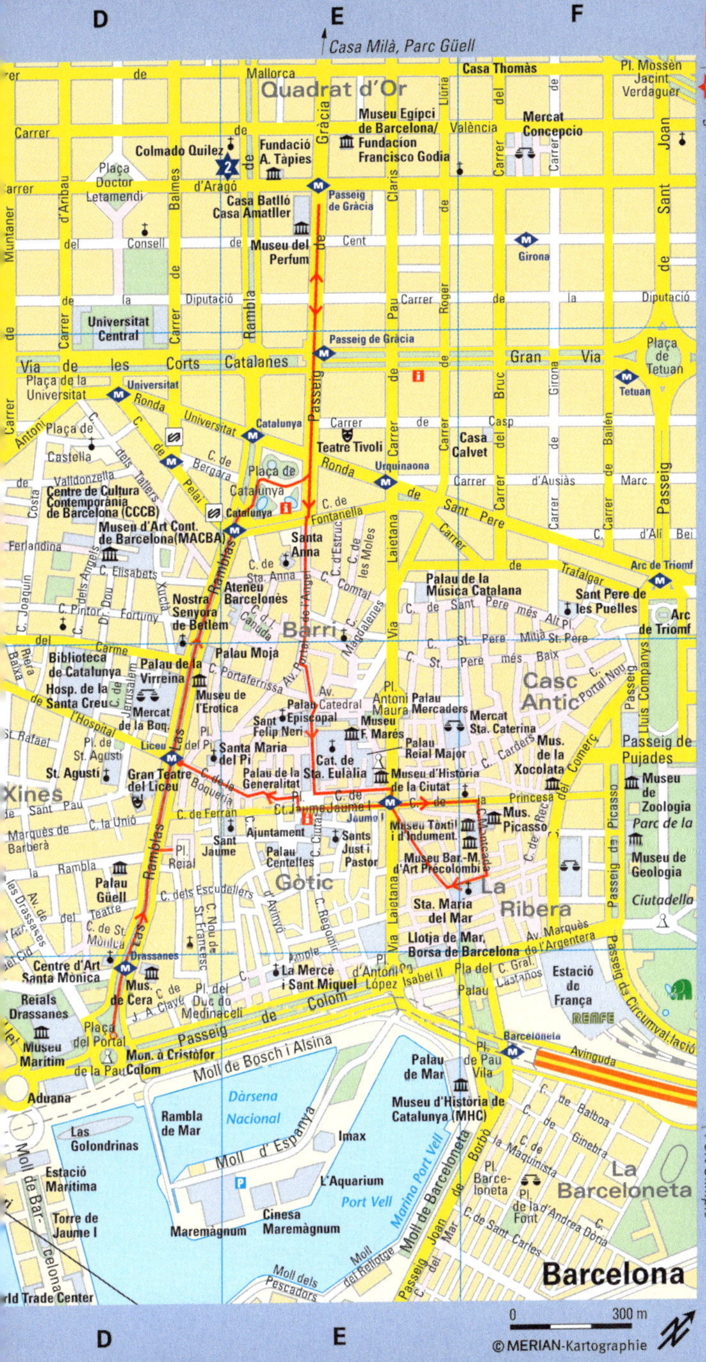
D
E
F
Casa Milà, Parc Güell
Sagrada Família
1
2
3
4
Quadrat d'Or
Casa Thomàs
Pl. Mossèn Jacint Verdaguer
Mallorca
Museu Egípci de Barcelona/ Fundación Francisco Godia
Mercat Concepció
València
Fundació A. Tàpies
Colmado Quilez
Plaça Doctor Letamendi
d'Aragó
Passeig de Gràcia
Casa Batlló
Casa Amatller
Museu del Perfum
Cent
Consell
Girona
Diputació
Universitat Central
Passeig de Gràcia
Via de les Corts Catalanes
Gran Via
Plaça de Tetuan
Tetuan
Plaça de la Universitat
Universitat
Ronda Universitat
Catalunya
Teatre Tivoli
Casa Calvet
Casp
Plaça de Castella
Valldonzella
Centre de Cultura Contemporània de Barcelona (CCCB)
Plaça de Catalunya
Urquinaona
Ronda de Sant Pere
Carrer d'Ausiàs Marc
Museu d'Art Cont. de Barcelona (MACBA)
Ferlandina
Santa Anna
Fontanella
Arc de Triomf
Palau de la Música Catalana
Sant Pere de les Puelles
Ateneu Barcelonès
Nostra Senyora de Betlem
Barri
Biblioteca de Catalunya
Hosp. de la Santa Creu
Palau de la Virreina
Palau Moja
Museu de l'Eròtica
Mercat de la Boq.
Casc Antic
Palau Episcopal
Catedral
Sant Felip Neri
Museu F. Marès
Mercat Sta. Caterina
Palau Reial Major
Mus. de la Xocolata
Passeig de Pujades
Santa Maria del Pi
Cat. de Sta. Eulàlia
Museu d'Història de la Ciutat
Liceu
Gran Teatre del Liceu
Palau de la Generalitat
Pl. St. Jaume
Jaume I
Princesa
Museu Tèxtil i d'Indument.
Mus. Picasso
Museu de Zoologia
Parc de la Ciutadella
Museu de Geologia
Xines
St. Agustí
C. de Ferran
Ajuntament
Sant Jaume
Sants Just i Pastor
Museu Bar.-M. d'Art Precolombí
Pl. Reial
Palau Centelles
Gòtic
La Ribera
Palau Güell
Sta. Maria del Mar
Llotja de Mar, Borsa de Barcelona
Av. Marquès de l'Argentera
Centre d'Art Santa Mònica
Drassanes
La Mercè i Sant Miquel
Estació de França
RENFE
Mus. de Cera
Reials Drassanes
Passeig de Colom
Pl. del Duc de Medinaceli
Museu Marítim
Plaça del Portal de la Pau
Mon. a Cristòfor Colom
Moll de Bosch i Alsina
Barceloneta
Palau de Mar
Museu d'Història de Catalunya (MHC)
Passeig de Circumval.lació
Aduana
Rambla de Mar
Dàrsena Nacional
Las Golondrinas
Imax
Moll d'Espanya
Estació Marítima
L'Aquarium
Port Vell
Marina Port Vell
Moll de Barcelona
Torre de Jaume I
Cinesa Maremàgnum
Maremàgnum
Moll dels Pescadors
Moll del Rellotge
La Barceloneta
Port Olímpic
World Trade Center
Barcelona
0
300 m
© MERIAN-Kartographie

A B C

Castell de

Es Baluard - Museu d'Art Modern i Contemporani

Poble Espanyol, El Terreno

A B C

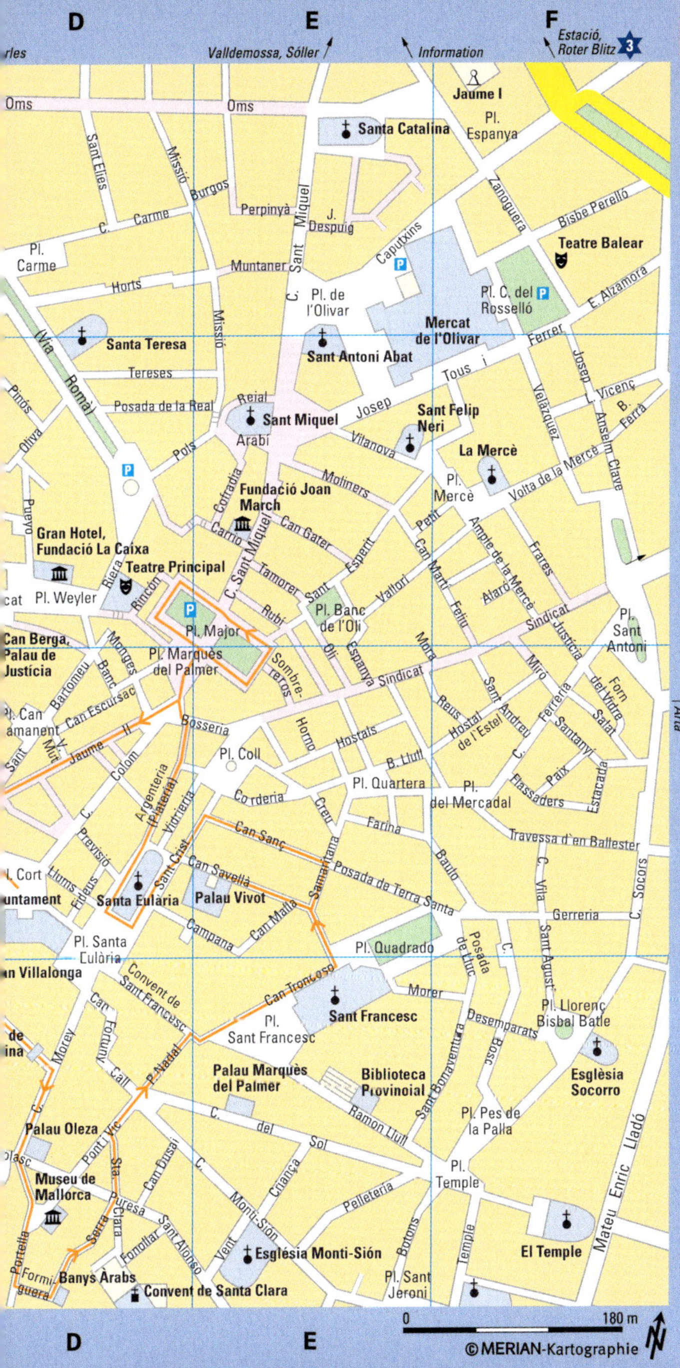
D
E
F
Valldemossa, Sóller
Information
Estació, Roter Blitz 3
Oms
Santa Catalina
Jaume I
Pl. Espanya
Sant Elies
Missió
Burgos
Perpinyà
Sant Miquel
J. Despuig
Zanoguera
Bisbe Perelló
C. Carme
Pl. Carme
Muntaner
Caputxins
Teatre Balear
Horts
Pl. de l'Olivar
Pl. C. del Rosselló
E. Alzamora
Santa Teresa
Mercat de l'Olivar
Ferrer
Via Roma
Sant Antoni Abat
Tereses
Tous i
Josep L. Vicenç
Posada de la Real
Reial
Sant Miquel
Josep
Sant Felip Neri
B. Ferrà
Pinós
Arabí
Vilanova
Velázquez
Anselm Clavé
Oliva
Pols
La Mercè
Volta de la Mercè
Molinërs
Pl. Mercè
Fundació Joan March
Cofradia
Pueyo
Carrió
Can Gater
Petit
Gran Hotel, Fundació La Caixa
Teatre Principal
Espenr
Ample de la Mercè
Frares
Riera
Rincon
C. Sant Miquel
Tamorer
Can Martí Feliu
Sant
Vallori
Alaró
Pl. Weyler
Pl. Major
Rubí
Pl. Banc de l'Oli
Sindicat
Pl. Sant Antoni
Can Berga, Palau de Justícia
Monges
Pl. Marquès del Palmer
Sombrereros
Oli
Espanya
Mora
Justícia
Miró
Forn del Vidre
Banc
Bartomeu
Can Escursac
Sindicat
Reus
Sant Andreu
Ferreria
Salat
Artà
Pl. Can Amanent
Jaume II
Mut
Bosseria
Hostal de l'Estel
Santanyí
Sant
Colom
Horno
Hostals
Pl. Coll
B. Llull
C.
Paix
Argenteria (Plateria)
Pl. Quartera
Pl. del Mercadal
Flassaders
Estacada
Corderia
Vidrieria
Creu
Farina
C. Previsió
Can Sanç
Travessa d'en Ballester
Pl. Cort
Sant Crist
Can Savellà
Posada de Terra Santa
Baulo
C. Vila
C. Socors
Ajuntament
Fideus
Llums
Santa Eulària
Palau Vivot
Samaritana
Gerreria
Campana
Can Malla
Pl. Santa Eulària
Posada de Lluc
C. Sant Agustí
Pl. Quadrado
Can Villalonga
Convent de Sant Francesc
Can Troncoso
Morer
Can Fortuny
Sant Francesc
Pl. Llorenç Bisbal Batle
Pl. Sant Francesc
Desemparats
Morey
Call
P. Nadal
Bosc
Església Socorro
Palau Marquès del Palmer
Biblioteca Provincial
Sant Bonaventura
Pl. Pes de la Palla
C. del Sol
Ramon Llull
Palau Oleza
Pont i Vic
Pl. Temple
Mateu Enric Lladó
Museu de Mallorca
Sta. Clara
Can Dusai
C. Monti-Sión
Criança
Pelleteria
Puresa
Serra
Sant Alonso
Fonollar
Vent
Església Monti-Sión
Botons
Temple
El Temple
Portella
Formiguera
Banys Àrabs
Convent de Santa Clara
Pl. Sant Jeroni
1
2
3
4
0
180 m
© MERIAN-Kartographie

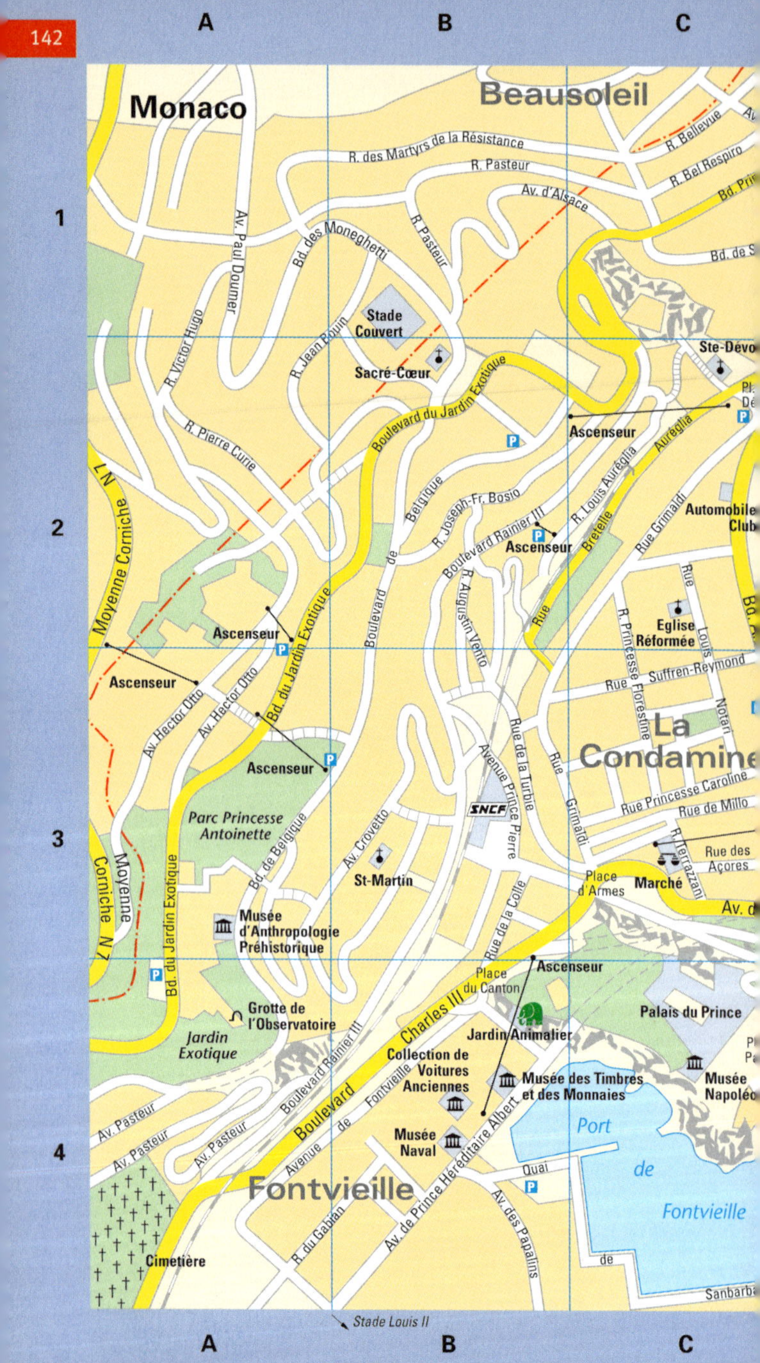
A
B
C
1
2
3
4
Monaco
Beausoleil
R. des Martyrs de la Résistance
R. Pasteur
Av. d'Alsace
R. Bellevue
R. Bel Respiro
Bd. de S
Av. Paul Doumer
Bd. des Moneghetti
R. Pasteur
Stade Couvert
Sacré-Cœur
Ste-Dévo
R. Victor Hugo
R. Jean Bouin
Boulevard du Jardin Exotique
R. Pierre Curie
Ascenseur
Aureglia
R. Louis Aureglia
Automobile Club
Moyenne Corniche
N 7
Boulevard de Belgique
R. Joseph-Fr. Bosio
Boulevard Rainier III
Ascenseur
Rue Bretelle
Rue Grimaldi
R. Augustin Vento
Ascenseur
Eglise Réformée
R. Princesse Florestine
Rue Louis Notari
Rue Suffren-Reymond
Ascenseur
Av. Hector Otto
Av. Hector Otto
Bd. du Jardin Exotique
Ascenseur
La Condamine
Rue de la Turbie
Avenue Prince Pierre
Rue Grimaldi
Rue Princesse Caroline
Rue de Millo
SNCF
Parc Princesse Antoinette
Bd. de Belgique
Av. Crovetto
St-Martin
R. Terrazzani
Rue des Açores
Place d'Armes
Marché
Corniche N 7
Moyenne
Bd. du Jardin Exotique
Musée d'Anthropologie Préhistorique
Rue de la Colle
Ascenseur
Place du Canton
Grotte de l'Observatoire
Jardin Exotique
Boulevard Rainier III
Boulevard Charles III
Jardin Animalier
Palais du Prince
Collection de Voitures Anciennes
Musée des Timbres et des Monnaies
Musée Napoléo
Av. Pasteur
Av. Pasteur
Av. Pasteur
Avenue de Fontvieille
Musée Naval
Av. de Prince Héréditaire Albert
Port de Fontvieille
Quai
Fontvieille
R. du Gabian
Av. des Papalins
Cimetière
de
Sanbarba
Stade Louis II
A
B
C

D
E
F
Grimaldi Forum, Sporting Monte Carlo
Monte Carlo
Café de Paris
5
Place du Casino
Grand Casino
Sporting d'Hiver
Av. Princesse Alice
Bd. de Suisse
Sq. Beau-marchais
Av. de la Costa
Av. de l'Hermitage
Av. de Monte Carlo
Larvotto
Centre de Congrès, Auditorium
Pointe Focinana
Bd. du
Bd. Louis II
Ascenseur
Av. d'Ostende
Av. Prés. J. F. Kennedy
Quai des Etats-Unis
Port Hercule
Théâtre du Fort Antoine
Yacht Club de Monaco
Quai Antoine I
Av. de la Quarantaine
Chemin des Pêcheurs
Av. de la Porte Neuve
Av. des Pins
Monaco
Musée de la Chapelle de la Visitation
Loth
Av. St-Martin
Historial des Princes de Monaco
Emile de
Mairie
Musée Océanographique
Cathédrale
Jardins St-Martin
Pointe St-Martin
P
1
2
3
4
0
150 m
N

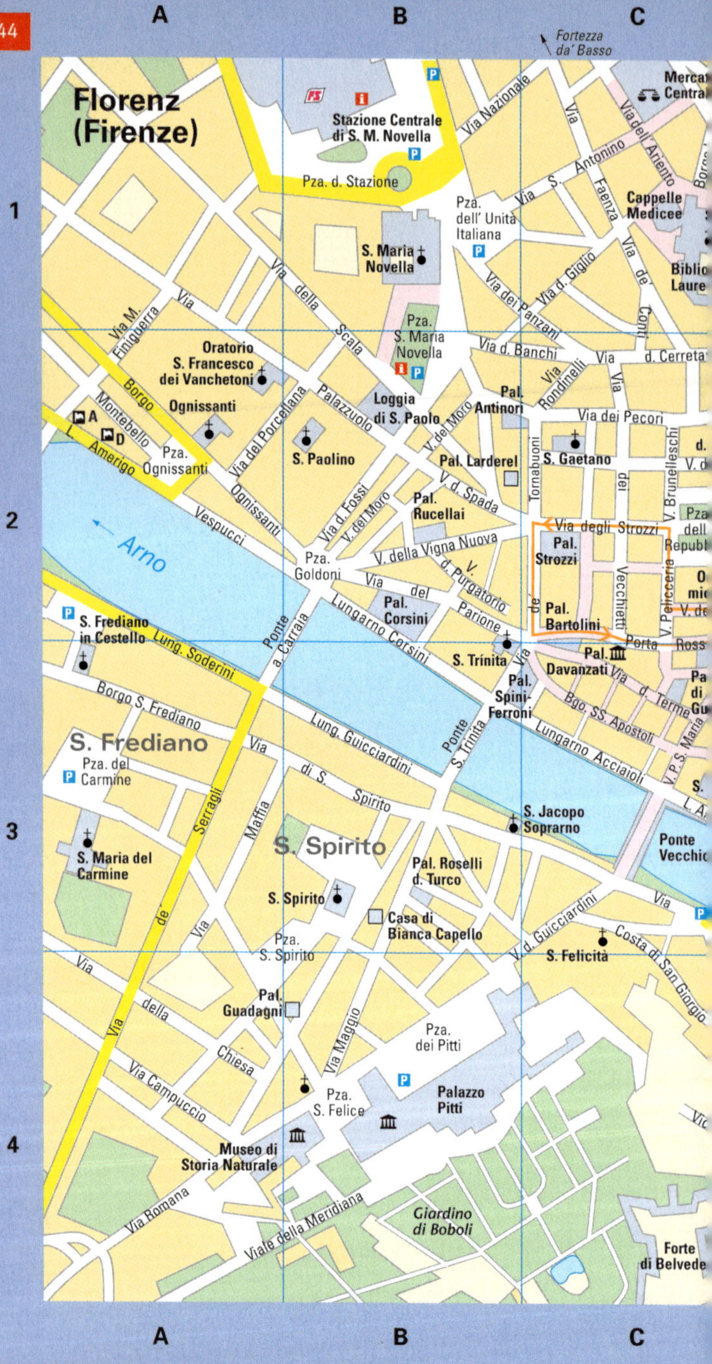
A
B
C
Fortezza da' Basso
Florenz (Firenze)
Stazione Centrale di S. M. Novella
Pza. d. Stazione
Mercato Centrale
Via Nazionale
Via S. Antonino
Via dell'Ariento
Via Faenza
Cappelle Medicee
Biblio Laure
Pza. dell' Unità Italiana
S. Maria Novella
Via della Scala
Via dei Panzani
Via d. Giglio
Via de' Conti
Pza. S. Maria Novella
Via d. Banchi
Via d. Cerretani
Via Rondinelli
Via M. Finiguerra
Oratorio S. Francesco dei Vanchetoni
Borgo Ognissanti
Ognissanti
Via del Porcellana
Palazzuolo
Loggia di S. Paolo
V. del Moro
Pal. Antinori
Via dei Pecori
S. Paolino
Pal. Larderel
S. Gaetano
Tornabuoni
V. Brunelleschi
Pza. della Repubblica
A
D
Montebello
L. Amerigo
Pza. Ognissanti
Vespucci
Arno
V. d. Spada
Pal. Rucellai
Via d. Fossi
V. del Moro
Via degli Strozzi
Pal. Strozzi
Pza. Goldoni
V. della Vigna Nuova
V. d. Purgatorio
Via del Parione
Pal. Corsini
Vecchietti
V. Pellicceria
Pal. Bartolini
Porta Rossa
S. Frediano in Cestello
Lung. Soderini
Ponte a Carraia
Lungarno Corsini
S. Trinita
Via de'
Pal. Davanzati
Pal. Spini-Ferroni
Via d. Terme
Bgo. SS. Apostoli
Borgo S. Frediano
S. Frediano
Pza. del Carmine
Via Serragli
Lung. Guicciardini
Ponte S. Trinita
Lungarno Acciaioli
V. P. S. Maria
Via di S. Spirito
Maffia
S. Spirito
S. Jacopo Soprarno
Ponte Vecchio
S. Maria del Carmine
Pal. Roselli d. Turco
Casa di Bianca Capello
Via Guicciardini
V. d. Guicciardini
S. Felicità
Costa di San Giorgio
Pza. S. Spirito
Via della Chiesa
Pal. Guadagni
Via Maggio
Pza. dei Pitti
Via Campuccio
Pza. S. Felice
Palazzo Pitti
Museo di Storia Naturale
Via Romana
Viale della Meridiana
Giardino di Boboli
Forte di Belvedere
1
2
3
4

D
E
F
Museo di S. Marco
Galleria dell' Accademia
Museo Archeologico Naz.
Pza. SS. Annunziata
Ospedale degli Innocenti
Pal. Medici-Riccardi
Pal. Niccolini
Santa Maria degli Angeli
Pal. Panciatichi
Pza. Brunelleschi
Via Cavour
Via Ricasoli
Via degli Servi
Via Laura
Via G. Giusti
Borgo Pinti
Via della Colonna
Via Alfani
Via Pergola
Via d. Pucci
Museo dell´ Opera d. Duomo
Ospedale di S. M. Nuova
Teatro della Pergola
Duomo S. Maria del Fiore
Pza. del Duomo
Campanile
Museo Firenze com'era
Via Bufalini
Via S. Egidio
Via della Pergola
Via Fiesolana
Via dei Pilastri
Via L. C. Farini
S. Maria in Campo
Museo di Antropologia
Pal. Altoviti
Pal. d. Albizi
Via dell' Oriuolo
Pza. Salvemini
Via de Pepi
Via di Mezzo
Via d. Studio
Via del Corso
Borgo degli Albizi
Via Pietrapiana
Pza. dei Ciompi
V. d. Popolo
V. dei Cerchi
V. dei Tavolini
V. Dante Alighieri
V. Proconsolo
Pal. Pazzi
Via d. Pandolfini
Via dell' Ulivo
Via Allegri
S. Carlo dei Lombardi
Badia
Bargello
Vivoli
Via Ghibellina
Via G. Verdi
Casa Buonarotti
Via dell' Agnolo
Via Macci
Pal. Uguccioni
Pza. S. Firenze
Teatro Verdi
S. Simone
Pal. Gondi
Pza. d. Signoria
S. Firenze
V. dell' Anguillara
Pal. Serristori
Via dei Pepi
Via Ghibellina
Pal. Vecchio
Borgo dei Greci
Pza. S. Croce
V. d. Ninna
V. de Leoni
Pza. d. Peruzzi
Via de' Macci
S. Remigio
Galleria degli Uffizi
Via dei Neri
Via dei Benci
Borgo Santa Croce
S. Croce
Via S. Giuseppe
Museo di Storia della Scienza
Biblioteca Nazionale
Cappelle d. Pazzi
Borsa
Pza. Mentana
Corso dei Tintori
Lung. Gen. Diaz
Museo Horne
Via Tripoli
Lung. d. Grazie
Lung. d. Zecca Vecchia
Lungarno Torrigiani
Ponte alle Grazie
Arno
Bardi
Pal. Torrigiani
Lungarno Serristori
Via de' Renai
Pal. Serristori
Porta S. Niccolò
Via di San Niccolò
Pza. Giuseppe Poggi
S. Niccolò
Porta S. Miniato
Viale Giuseppe Poggi
Via di Belvedere
Ple. Michelangelo
Giorgio
1
2
3
4
Mercato di Sant' Ambrogio, Da Rocco
0
210 m
N
© MERIAN-Kartographie

A
B
C
1
2
3
4
Rom (Roma)
Viale delle Milizie
Viale Giulio Cesare
Lepanto
Viale Angelico
Ottaviano
Via degli Scipioni
S. Gioacchino
V. M. Colonna
Via A. Farnese
Via Fabio Massimo
Via Germanico
Via Ottaviano
V. Vespasiano
V. Leone IV
Pza. Cola di Rienzo
Via Cola di Rienzo
Via Cicerone
Via Tacito
Via Boezio
Via Cassiodoro
Via Crescenzio
Teatro Adriano
Lung. Michelangelo
Lung. Mellini
Ponte Matteotti
Ponte P. Nenni
Lung. A. da Brescia
Via Flaminia
Staz. Roma-Viterbo
Flaminio
Ponte Reg. Margherita
Via Ferd. di Sav.
Lung. in Augusta
Via Ripetta
Ara Pacis Augustae
Via V. Colonna
Ponte Cavour
S. Cuore
Pza. Porta Ripetta
Pal. di Giustizia
Via Triboniano
Piazza Adriana
Parco Adriano
Castel Sant' Angelo
Musei Vaticani
Città del
Vaticano
Cappella Sistina
Via di Porta Angelica
V. S. Porcari
Borgo Pio
Via della Conciliazione
Pza. S. Pietro
S. Pietro
Borgo S. Spirito
Ospedale S. Spirito
V. Pio X
Lung. Vaticano
Lung. di Castello
Lung. Prati
Umberto
Ponte
Tevere
(Tiber)
Ponte S. Angelo
Lung. Marzio
Palazzo Altemps
Museo Napoleonico
Zanardelli
S. Agostino
Via della Scrofa
S. Luigi dei Francesi
Pal. Madama
L. in Sassia
Pza. D. Rovere
P. Pr. Amedeo
Ponte Vitt. Emanuele II
V. d. Coronari
S. Maria della Pace
Pza. Navona
Sant' Agnese in Agone
Corso Vittorio Emanuele II
Chiese Nuova
Via G. Vecchio
Via Giulia
L. d. Sangallo
Museo di Criminologia
Pal. Braschi, Mus. di Roma
Pal. Massimo
Pal. d. Cancelleria
Museo Barracco
Pza. Paradiso
Teatro di Pompeo
Pza. Campo de' Fiori
Pal. Farnese
Via Giubbonari
Pal. Spada
V. dei Pettinari
Via delle Fornaci
S. Onofrio
M. Gianicolo
Lung. Gianicolense
Via della Lungara
Ponte Mazzini
Lung. dei Tebaldi
Villa Farnesina
Pal. Corsini
Lung. d. Farnesina
Villa Corsini
Ponte Sisto
Lung. d. Vallati
Via Arenula
Lung. Sanzio
Ponte Garibaldi
Isola Tiberina
L. d. Anguillara
V. d. Scala
S. Maria della Scala
Trastevere
V. d. Lungaretta
S. Pietro in Montorio
Via Garibaldi
S. Maria in Trastevere
V. L. Manara
Pza. di S. Cosimato
Viale Trastevere
S. Cecilia in Trastevere
7 S. Pietro

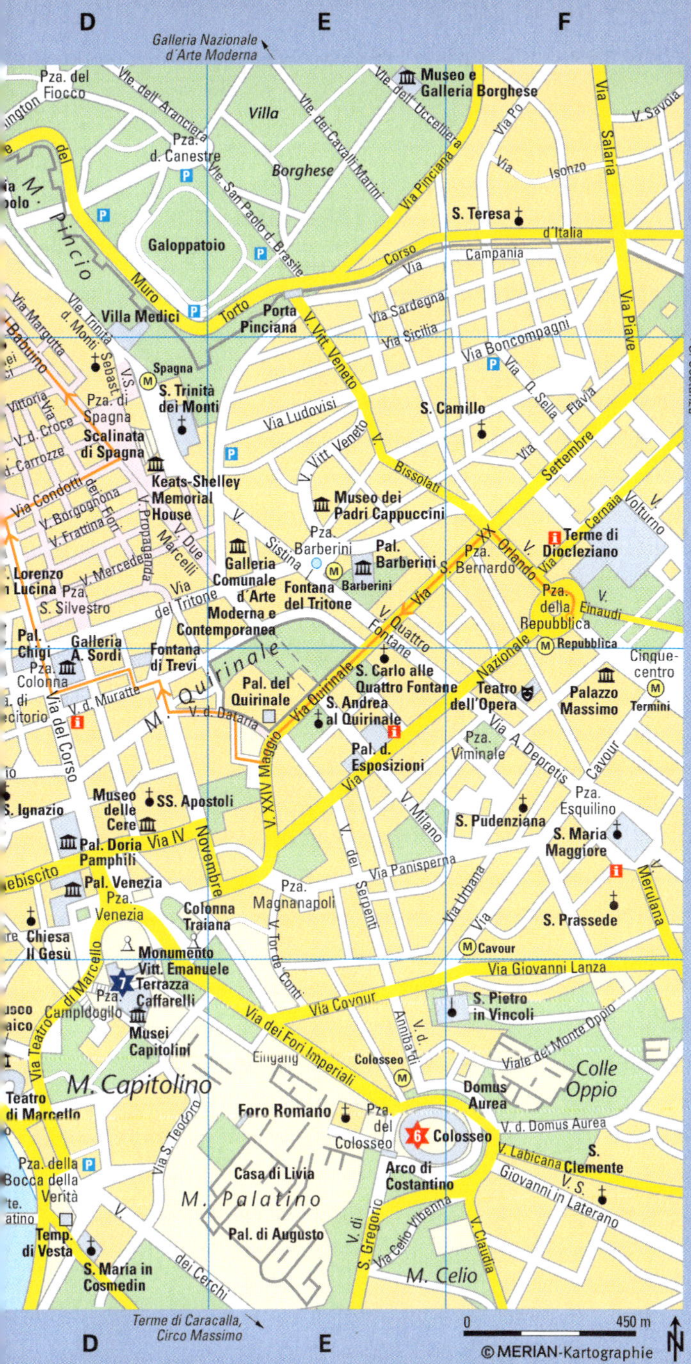
D
E
F
Galleria Nazionale d'Arte Moderna
Pza. del Fiocco
Vle. dell'Aranciera
Villa Borghese
Vle. dei Cavalli Marini
Museo e Galleria Borghese
Vle. dell'Uccelliera
Via Pinciana
Via Po
V. Savoia
Via Salaria
Pza. d. Canestre
Vle. San Paolo d. Brasile
M. Pincio
Galoppatoio
Muro Torto
Villa Medici
Porta Pinciana
Corso d'Italia
Via Isonzo
S. Teresa
Via Campania
Via Sardegna
Via Sicilia
Via Boncompagni
Via Piave
Mausoleo di S. Costanza
V. Vitt. Veneto
Spagna
S. Trinità dei Monti
Via Margutta
Vle. Trinità d. Monti
V. S. Sebast.
Babuino
Pza. di Spagna
Scalinata di Spagna
Via Ludovisi
Via Vitt. Veneto
S. Camillo
Via Q. Sella
Via Flavia
Via XX Settembre
V. Bissolati
Keats-Shelley Memorial House
Via Condotti
V. Borgognona
V. Frattina
V. d. Croce
V. d. Carrozze
Vittoria
Via dei Fiori
V. Propaganda
V. Due Macelli
Museo dei Padri Cappuccini
Pza. Barberini
V. Sistina
Pal. Barberini
Barberini
Galleria Comunale d'Arte Moderna e Contemporanea
Fontana del Tritone
Via del Tritone
V. Mercede
Lorenzo in Lucina
Pza. S. Silvestro
Pza. S. Bernardo
V. Orlando
Terme di Diocleziano
Via Cernaia
V. Volturno
Pza. della Repubblica
Repubblica
V. Einaudi
Cinquecento
Termini
Palazzo Massimo
Pal. Chigi
Galleria A. Sordi
Pza. Colonna
Fontana di Trevi
M. Quirinale
Via Quattro Fontane
S. Carlo alle Quattro Fontane
Pal. del Quirinale
V. d. Dataria
V. d. Muratte
Via del Corso
Via Quirinale
S. Andrea al Quirinale
Via Nazionale
Teatro dell'Opera
Pza. Viminale
Via A. Depretis
Via Cavour
Pal. d. Esposizioni
V. XXIV Maggio
V. Milano
S. Ignazio
Museo delle Cere
SS. Apostoli
Pal. Doria Pamphili
Via IV Novembre
Pza. Venezia
Pal. Venezia
Plebiscito
Chiesa Il Gesù
Colonna Traiana
Pza. Magnanapoli
V. dei Serpenti
Via Panisperna
Via Urbana
S. Pudenziana
Pza. Esquilino
S. Maria Maggiore
V. Merulana
S. Prassede
Cavour
Monumento Vitt. Emanuele
Terrazza Caffarelli
Pza. Campidoglio
Musei Capitolini
V. Tor de' Conti
Via Giovanni Lanza
Via Cavour
S. Pietro in Vincoli
Via dei Fori Imperiali
Via Teatro di Marcello
V. d. Annibaldi
Viale del Monte Oppio
Colle Oppio
Eingang
Colosseo
Domus Aurea
M. Capitolino
Teatro di Marcello
Foro Romano
Pza. del Colosseo
Colosseo
V. d. Domus Aurea
V. Labicana
S. Clemente
Via S. Teodoro
Casa di Livia
Arco di Costantino
V. S. Giovanni in Laterano
Pza. della Bocca della Verità
M. Palatino
Temp. di Vesta
Pal. di Augusto
V. di S. Gregorio
Via Celio Vibenna
V. Claudia
S. Maria in Cosmedin
V. dei Cerchi
M. Celio
1
2
3
4
Terme di Caracalla, Circo Massimo
0
450 m
N

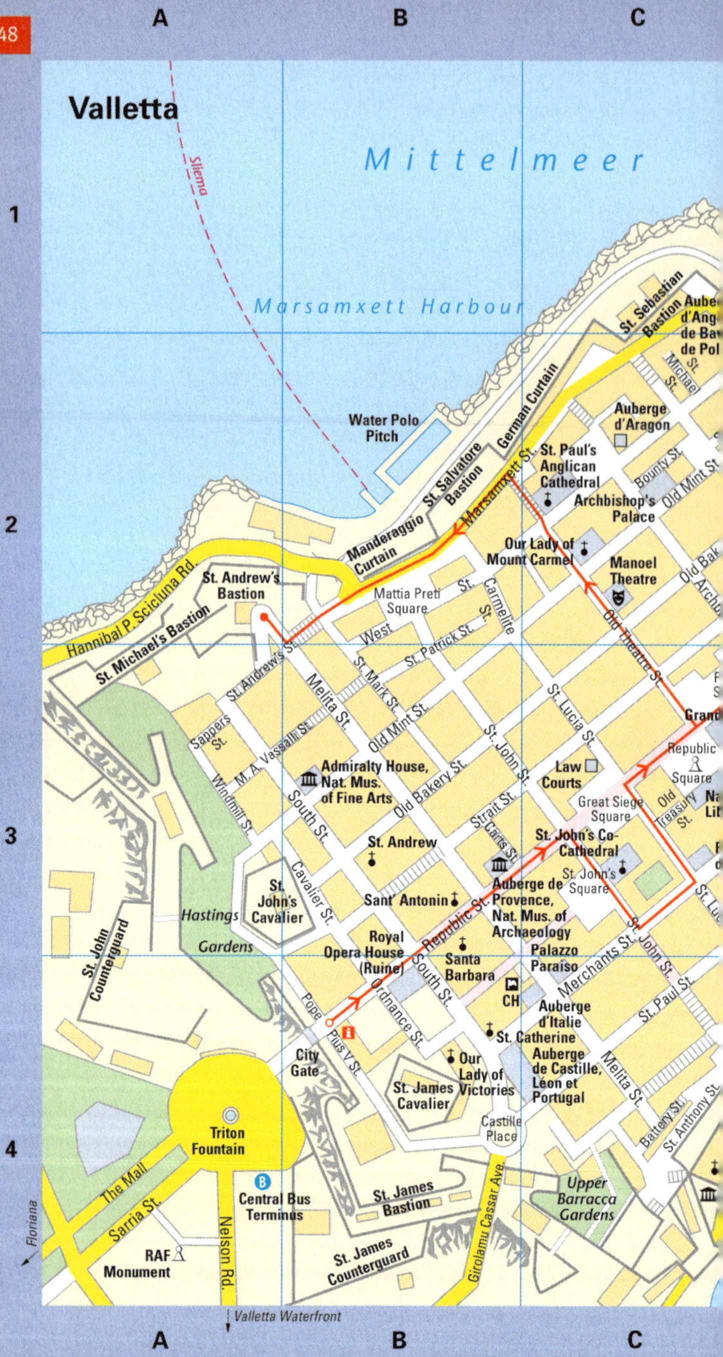
A
B
C
1
2
3
4
Valletta
Mittelmeer
Sliema
Marsamxett Harbour
St. Sebastian Bastion
Water Polo Pitch
German Curtain
St. Salvatore Bastion
Manderaggio Curtain
Marsamxett St.
St. Paul's Anglican Cathedral
Archbishop's Palace
Auberge d'Aragon
Bounty St.
Old Mint St.
St. Michael St.
Our Lady of Mount Carmel
Manoel Theatre
Old Theatre St.
Hannibal P. Scicluna Rd.
St. Andrew's Bastion
St. Michael's Bastion
Mattia Preti Square
West St.
Carmelite St.
St. Patrick St.
St. Andrew's St.
Melita St.
St. Mark St.
Old Mint St.
St. Lucia St.
Sappers St.
M. A. Vassalli St.
Admiralty House, Nat. Mus. of Fine Arts
Old Bakery St.
St. John St.
Law Courts
Republic Square
Great Siege Square
Old Treasury St.
Windmill St.
South St.
Strait St.
Cart St.
St. John's Co-Cathedral
St. Andrew
St. John's Square
St. John's Cavalier
Cavalier St.
Sant' Antonin
Auberge de Provence, Nat. Mus. of Archaeology
Hastings Gardens
Royal Opera House (Ruine)
Republic St.
Santa Barbara
Palazzo Paraiso
Merchants St.
St. John Counterguard
South St.
CH
Auberge d'Italie
St. Paul St.
Pope Pius V St.
Ordnance St.
St. Catherine
City Gate
Our Lady of Victories
Auberge de Castille, Léon et Portugal
Melita St.
St. James Cavalier
Castille Place
Battery St.
St. Anthony St.
Triton Fountain
Upper Barracca Gardens
The Mall
Central Bus Terminus
St. James Bastion
Girolamu Cassar Ave.
Sarria St.
Floriana
RAF Monument
Nelson Rd.
St. James Counterguard
Valletta Waterfront
A
B
C

D
E
F
1
2
3
4
St. Elmo Bay
St. Gregory's Bastion
Ball's Bastion
St. Gregory's Curtain
Abercrombie's Bastion
National War Museum
Fort St. Elmo
Spur St.
Jew's Gate
French Curtain
Fountain St.
Curtain
St. Sebastian St.
St. Anne St.
St. Joseph St.
Steps St.
St. Elmo Place
Abercrombie's Curtain
Old Hospital St.
North St.
St. Dominic St.
St. Nicholas St.
St. Lazarus Bastion
Merchants St.
Casa Rocca Piccola
Republic St.
Sacra Infermeria, The Knights Hospitallers
Malta Experience
Mediterranean Conference Centre
St. Frederick St.
St. Lazarus Curtain
Our Lady of Damascus (Greek Catholic Church)
St. Dominic St.
St. Nicholas St.
St. Ursula St.
Old Wells St.
St. Christopher St.
St. Paul St.
Archbishop St.
Mediterranean St.
Market
Theatre St.
Irish St.
Lower Barracca Gardens
St. Paul's Shipwreck
St. Ursula
Siege Bell Memorial
Castille Curtain
Fish Market
East St.
St. Barbara Bastion
Barriera Wharf
Grand Harbour
0
150 m
N
©MERIAN-Kartographie

Hier finden Sie alphabetisch aufgeführt alle in diesem Band beschriebenen Orte und Ziele. Bei einzelnen Sehenswürdigkeiten steht jeweils der dazugehörige Ort in Klammern, bei Restaurants steht zusätzlich die Abkürzung R für Restaurant. Außerdem enthält das Register wichtige Stichworte sowie alle MERIAN-TopTen und MERIAN-Tipps dieses Reiseführers. Wird ein Begriff mehrfach aufgeführt, verweist die **fett gedruckte** Zahl auf die Hauptnennung im Band, eine *kursive* Zahl verweist auf ein Foto.

Liebe Leserinnen und Leser,
wir freuen uns, Ihre Meinung zu diesem Reiseführer zu erfahren. Bitte schreiben Sie uns, wenn Sie Berichtigungen und Ergänzungsvorschläge haben oder wenn Ihnen etwas besonders gut gefällt:

TRAVEL HOUSE MEDIA GmbH, Postfach 86 03 66, 81630 München
E-Mail: merian-live@travel-house-media.de, Internet: www.merian.de

Die Autoren
Holger Wolandt lebt als Reisejournalist, Übersetzer, Herausgeber – und Italienliebhaber – in Stockholm. **Charlotta Rüegger**, ebenfalls wohnhaft in Stockholm, segelt, wenn sie nicht gerade eine Kreuzfahrt unternimmt, mit ihrem dänischen Hansen-Spitzgatter von 1953.

Mit Beiträgen von Klaus Bötig, Gisela Buddée, Harald Klöcker, Hansjochem Kunze, Ingeborg Lehmann, Susanne Lipps-Breda, Birgit Müller, Ralf Nestmeyer, Monika Pelz, Michael Studemund und Manfred Thiele.

Bei Interesse an digitalen Daten aus der MERIAN-Kartographie wenden Sie sich bitte an:
iPUBLISH GmbH, Abt. Cartography
E-Mail: merianmapbase@ipublish.de
www.merianmapbase.de

Fotos
Titelbild: Capri (B. Dixson/Alamy)
A1PIX/EAB 101; J. Arnold Images Ltd/Alamy 75; Bildagentur Huber/G. Simeone 57, /A. Saffo 91; Bildagentur-online/Lescourret 81, /R. Schmid 102; G. Blake/Alamy 24; Bluered/CuboImages 8; A. Ernoult 50/51; Gettyimages 95, /Maremagnum 68; R. Hackenberg 98; H. Hartmann 60; Jahreszeiten Verlag/Gourmet Picture Guide 20, 82; Laif/Reporters 4/5, /S. Hartz 10, / C. Heeb 12, 108, / G. Knechtel 15, 16, /J.-D. Sudres/hemis.fr 18/19, /eyedea 22, /G. Standl 23, /Cover 35, /M. Lange 43, /F. Siemers 52, C. Moirenc/hemis.fr 54, /S. Bungert 59, /R. Mattes/hemis.fr 63, /F. Zanettini 71, /M. Galli 70, /Ogando 89, /St. Gladieu/Le Figaro Magazine 105, /I. Lass 106, / M. Gonzalez 112; G. Lodriguss/Photo Researchers Inc 94; LOOK-foto/Age fotostock 36, /H. & D. Zielske 48, /T. Friedel 64, /B. Limberger 116/117; J. Michalko/Bilderberg 7; Schapowalow 84, /Atlantide 39; The Travel Library 32, 41, /S. Black 96; VISUM/B. Goettlicher 26, /H. Hanke 30/31; T. Weber 9

Programmleitung
Dr. Stefan Rieß
Redaktion
Simone Lucke
Lektorat
Beate Martin
Gestaltung
wieschendorf.design, Berlin
MERIAN-Quiz
Verónica Reisenegger
(Konzept und Idee)
Karten
MERIAN-Kartographie
Satz
Filmsatz Schröter, München
Druck
Appl, Wemding
Bindung
Auer, Donauwörth
Gedruckt auf
Eurobulk Papier von
der Papier Union

1. Auflage

TRAVEL HOUSE MEDIA

Ein Unternehmen der
GANSKE VERLAGSGRUPPE

Mittelmeerkreuzfahrt
Westlicher Teil

MERIAN-Tipps

Tipps und Empfehlungen für Kenner und Individualisten

1 **Museo Picasso, Málaga**
Würdiger Rahmen für das Werk eines genialen Künstlers: der Palacio de Buenavista (→ S. 34).

2 **Colmado Quilez, Barcelona**
Kolonialwarenladen von anno dazumal mit katalanischen, spanischen und internationalen Delikatessen (→ S. 45).

3 **»Roter Blitz«, Palma de Mallorca**
Eine nostalgische Eisenbahnfahrt über »La Luminosa«, wie die Mallorquiner ihre Insel nennen (→ S. 47).

4 **Bootsausflug: Iles Sanguinaires, Korsika**
Ein faszinierendes Naturschauspiel: der Sonnenuntergang auf diesen Inseln (→ S. 61).

5 **Café de Paris, Monaco**
Exklusiver Sitzplatz mit Blick auf Casino, teure Karosserien und vielleicht auch prominente Nachbarn (→ S. 66).

6 **Leonardo-Städtchen Vinci**
Im Museo Leonardiano sind über 100 Modelle und Zeichnungen des Genies Leonardo da Vinci ausgestellt (→ S. 78).

7 **Terrazza Caffarelli, Rom**
Bei einem Cappuccino den Blick über die Dächer Roms schweifen lassen (→ S. 85).

8 **Napoli Sotterranea, Neapel**
Eindrucksvoll: eine Führung durch das ehemalige Zisternensystem von Neapel (→ S. 87).

9 **Fontanella Tea Gardens, Mdina**
Der Besuch dieses Cafés auf der Stadtmauer mit wunderbarem Inselblick ist ein absolutes Muss (→ S. 100).

10 **Marché Central, Tunis**
Täglich frisches Gemüse und Obst, leckere Meeresfrüchte und auch sonntags auf – was braucht man mehr (→ S. 104).

← MERIAN-TopTen
finden Sie auf Seite 1